LES LANGUES

DE

L'EUROPE MODERNE.

LES LANGUES

DE

L'EUROPE MODERNE

PAR

A. SCHLEICHER,

Agrégé à l'Université Frédéric-Guillaume de la ville de Bonn-sur-le-Rhin
(Prusse rhénane).

Traduit de l'allemand par

Hermann Ewerbeck,

Auteur de Qu'est-ce que la Religion d'après la nouvelle philosophie allemande,
de Qu'est-ce que la Bible d'après la nouvelle philosophie allemande,
de l'Allemagne et les Allemands,
et de la traduction allemande du Voyage en Icarie.

PARIS.

LADRANGE, | **GARNIER** frères.
RUE SAINT-ANDRÉ-DES-ARCS, 41. | AU PALAIS-ROYAL, N° 215.

1852.

PRÉFACE

DU TRADUCTEUR.

———

Après la guerre de Trente-Ans, le parti progressiste en Allemagne disait avec raison : « Le salut de notre littérature indigène ne « saurait venir que du côté de la France « et de la Grande-Bretagne ! » Et, en effet, pendant vingt ans, l'influence anglo-française sur la pensée et la littérature allemandes fut une influence salutaire.

Mais ces rapports ont été changés déjà depuis longtemps. Sans vouloir méconnaître l'élément beau et puissant, qui, en France, sous les formes les plus multiples, constitue ce qu'on peut appeler *littérature sociale ;* il faut avouer que le reste est affecté de deux défauts graves : c'est-à-dire, premièrement, d'une singulière indifférence pour l'étranger, indifférence qui se montre dans une coupable ignorance des choses et des idées non-françaises ; puis d'une lacune vraiment impardonnable, qui se fait sentir dans le *bien-fonds public* des connaissances scientifiques et artistiques.

Certes, des Français ont produit des ouvrages savants et admirables ; mais l'immense majorité des gens lettrés en France ne les connaît point et n'a pas même le désir, à ce qu'il paraît, de les connaître. De là, ce spectacle peu digne de la nation française : d'un côté, une littérature volumineuse, *dite* scientifique, mais remplie d'erreurs, de malentendus, de superficialités ; de l'autre côté, un trésor de livres de vraie science, mais inaccessible et incompréhensible à la masse des lecteurs.

En Allemagne, au contraire, un pont a été jeté entre ces deux rives, et les richesses de la haute science et de la haute esthétique y passent *en partie*, tandis qu'en France elles n'y passent *point du tout*. C'est ce qui constitue en Allemagne la *Bildung*, chose pour laquelle le pauvre dictionnaire français n'a pas même de mot.

Profondément pénétré de la conviction, que la plus intime entente d'intelligence et de cœur entre l'Allemagne et la France est devenue plus nécessaire que jamais, j'ai donné dans l'espace de deux ans au public français lettré quatre ouvrages, dont deux (*Qu'est-ce que la Religion?* et *Qu'est-ce que la Bible?*) ont pour but de l'éclairer sur des questions philosophiques, de même que le livre présent le fait sur des questions philologiques. Enfin, mon livre *l'Allemagne et les Allemands*, a l'intention de faire connaître à la France ce que c'est que l'Allemagne, sa voisine et sa sœur de lait.

Ces travaux m'ont paru tellement urgents, que je n'ai pas hésité d'y sacrifier une très-grande partie de ma fortune, après avoir cherché en vain un éditeur à Paris, ville qui aime pourtant à s'intituler *capitale du monde civilisé.* Du reste, je ne les ai pas exécutés sans l'espoir de les voir se rendre utiles aussi à d'autres peuples, et je me suis servi de l'idiome français, puisque c'est par cet instrument peu maniable que l'Occident se met en communication avec le Centre de l'Europe.

AUGUSTE-HERMANN EWERBECK.

Paris, 24 février 1852.

LES LANGUES

DE

L'EUROPE MODERNE.

INTRODUCTION.

I.

LA LINGUISTIQUE ET LA PHILOLOGIE.

Quand une science a été cultivée longtemps avec zèle et succès, on commence à s'apercevoir qu'elle est capable de produire des fruits de diverses sortes, tous utiles, mais différents entre eux d'après la manière de culture qu'on y applique. Ce n'est que depuis peu de temps que la science qui a pour objet la Langue en général, s'est séparée en deux branches distinctes. L'une, qui s'appelle la *philologie*, étudie la langue pour arriver par là à la connaissance de l'essence intellectuelle des nationalités; la philologie appartient à l'histoire. L'autre s'appelle la *linguistique;* elle ne s'occupe point de la vie historique des nations : elle est une partie de la physiologie de l'homme.

La philologie ne saurait exister que là où il y a de la littérature; elle se sert de la langue comme d'un organe pour étudier la vie intellectuelle et morale d'une nation. Le linguiste, au contraire, fait des recherches même sur l'idiome d'une nation dépourvue de littérature, d'un peuple étranger à l'art d'écrire. Il y a une philologie de l'antiquité dite classique; il y a une littérature chinoise, indienne, germanique, romane, slave, etc. Dans chacun de ces cercles, nous voyons la manifestation d'une nationalité historique, d'une famille de peuples qui ont brillé par beaucoup d'activité intellectuelle. Nous n'avons point une philologie des idiomes américains, parce que leurs peuples n'ont ni histoire ni littérature proprement dites : mais cela n'empêche pas ces idiomes d'être des objets éminemment importants pour la linguistique.

La philologie s'adresse ainsi à l'histoire, et celle-ci ne peut commencer que là où la libre volonté humaine a pris son essor; la linguistique étudie les langues sous le rapport de la nécessité naturelle. Le rossignol ne saurait jamais chanter comme l'alouette : il en est de même quant à l'élément primitif des différentes langues humaines. Or, tout ce dont la libre volonté de l'individu ne peut changer l'organisation fondamentale, appartient à la Nature, et nullement à l'Esprit. La méthode de la linguistique diffère donc totalement de celle des sciences historiques, elle doit être la méthode des autres sciences naturelles (1).

Les résultats de la linguistique sont par conséquent en général plus sûrs que ceux des sciences historiques, parce que l'arbitraire individuel ou subjectif y est pour peu de chose. La linguistique travaille dans la sphère des lois naturelles inaltérables, en dehors du domaine des volontés humaines.

Les sources où la linguistique puise sont aussi limpides, aussi pures que celles des autres sciences naturelles. Pour les sciences historiques, au contraire, il s'agit avant tout de la critique, et la critique historique ne se base que sur les lacunes dans nos connaissances; lacunes qui ont leur origine dans la volonté et dans l'activité de l'Homme. Une critique de cette sorte est étrangère à la linguistique, comme à toutes les autres sciences naturelles : celles-ci n'ont recours à la critique que quand

(1) Nous discuterons plus tard explicitement les rapports qui existent entre l'Histoire et la Langue.

elles sont obligées de s'occuper de traditions historiques.

De même, ce ne sont que des fragments de langues fournis par la tradition historique qui nous font réclamer le secours de la critique historique. Mais ce ne sont que des cas isolés. La philologie, au contraire, ne peut faire aucun pas sans la critique; la philologie est une science historique.

Le champ sur lequel la philologie et la linguistique se rencontrent se divise en deux sections. Tout ce qu'il y a dans la langue de *naturel*, c'est-à-dire provenant de l'essence naturelle de l'Homme, et mis en dehors de l'influence de la volonté, c'est la science des formes, elle appartient à la linguistique. Tout ce qui, dans la langue, dépend de la pensée et de la volonté individuelles, la syntaxe, et encore plus le style, sont du domaine de la philologie.

Ces deux sciences se prêtent souvent un appui réciproque; seulement, il faut, je crois, renoncer à être productif dans toutes les deux à la fois. On doit avoir un talent particulier pour chacune d'elles. Le linguiste est comme le zoologiste, le botaniste, le minéralogiste ou tout autre savant qui, en étudiant les sciences naturelles, doivent avoir un coup d'œil général sur le règne entier des animaux, des végétaux, des minéraux même, s'ils ne s'occupent spécialement que d'une seule série, d'une seule famille des êtres naturels ; le linguiste, en n'étudiant profondément qu'une seule langue, est obligé à bien connaître le règne tout entier des langues.

Nous allons voir qu'une classe de langues supérieures renferme celles des langues inférieures, non explicitement, mais implicitement ; *comme des moments effacés*, dit le langage philosophique ; il en est absolument de même quant aux classes d'animaux supérieurs et inférieurs. Le linguiste doit donc connaître toutes les langues tandis que le philologue se contente d'en approfondir une ou deux. La comparaison des langues est une fonction tellement caractéristique de la linguistique, qu'elle est même devenue son synonyme.

Le philologue ressemble à un cultivateur qui laboure avec deux chevaux un champ fertile ; il lui suffit de bien connaître ses animaux, de savoir les traiter convenablement.

Le linguiste ressemble à un zoologiste, qui n'a guère besoin de ce genre de connaissances pratiques, mais qui, en revanche, pour étudier théoriquement l'espèce *equus caballus*, doit étudier toutes les autres espèces.

La linguistique, comme toute autre science naturelle, ne date que de notre époque. Ce n'est que le dix-neuvième siècle qui a commencé à comparer les langues d'une manière correcte, rationnelle, logique, d'après leur structure grammaticale. A la fin du dernier siècle, on se bornait à comparer les mots de l'une à ceux de l'autre. La philologie, au contraire, cette science historique, existe depuis bien longtemps.

II.

ESSENCE ET CLASSIFICATION DES LANGUES.

L'activité de l'esprit, en se manifestant sous les formes de la pensée, a besoin de la langue, absolument comme l'esprit a besoin du corps. On ne peut penser que par et dans une langue ; plus elle sait exprimer toutes les émotions et tous les mouvements de l'esprit sous des formes *acoustiques*, c'est-à-dire par des mots, plus elle est rapprochée de la perfection. Une langue, au contraire, est d'autant moins perfectionnée que son expression acoustique reste en arrière, en ne donnant que les abréviations de la pensée.

Quand on pense, on met les conceptions, les notions, dans tel ou tel rapport, dans telle ou telle relation. Ainsi, chaque langue peut être décomposée en deux éléments : des *notions* d'un côté, et des *rapports* de l'autre. Les notions, les représentations, sont en quelque sorte les *matériaux* de la langue ; les rapports entre elles font sa *forme*. Une langue parfaite devrait exprimer d'une manière acoustiquement complète ses éléments matériels et ses éléments formels ; les langues imparfaites se contentent de signaler plus ou moins les rapports entre les notions et les représentations.

On appelle *significations* ces notions et ces représentations.

On peut donc dire que l'essence d'une langue se base sur la manière dont elle exprime *acoustiquement*, c'est-à-dire par un mot, les significations et les rapports (ou relations).

Une langue n'a point d'autre élément que ces deux-là : significations d'un côté, rapports ou relations de l'autre.

La *signification*, exprimée par un mot, s'appelle *racine ;* elle peut être séparée de tout mot qui exprime le *rapport :* par exemple ετυπτον en grec (je battais) se compose d'abord de τυπ, seul mot de racine, mot de signification, et puis de plusieurs mots de relation : ε—, exprimant le rapport du passé; —τ—, le rapport du présent; —ον, enfin, le rapport de la première personne du singulier ou de la troisième du pluriel.

Ainsi, pour bien définir le *mot*, il faut dire qu'il est un produit à la création duquel ont concouru la *signification* et la *relation*. C'est de l'expression acoustique de l'une et de l'autre que dépend la formation du mot, puis la construction de la phrase, enfin le caractère entier de l'idiome. Une racine n'apparaît d'une manière bien déterminée que par l'expression acoustique de la relation : c'est de la sorte qu'une racine doit revêtir ces diverses figures appelées adjectif, substantif, verbe, cas, mode, temps, etc.

Nous entendons ici la formation du mot dans le sens le plus large, et non-seulement, comme les grammaires aiment à le faire, dans le sens si étroit de la formation de racine et de thème; nous y adjoignons encore la déclinaison et la conjugaison, qui, elles aussi, se basent sur l'expression de la signification et de la relation.

Or, il peut arriver que, seule, la *signification* se trouve exprimée phonétiquement, et que la *relation* ne l'est point. Certes, la relation n'y manque jamais, elle peut pourtant rester latente, et dans ce cas elle doit être rendue par n'importe quelle autre manifestation, par exemple par la place qu'on lui fait occuper dans la phrase, par l'accentuation et l'intonation, par le geste, etc., etc.

Il y a en effet des idiomes qui, pour exprimer la *relation* entre les *significations*, se servent de ces moyens détournés. Cela se fait dans les langues monosyllabiques, et principalement dans la langue chinoise. Une langue à monosyllabès ne se compose que de racines, de mots exprimant une signification, et qui renferment implicitement la relation. Ici les catégories des mots ne sont pas distinctes par des sons acoustiques particuliers, et le même mot, le même son, peut représenter un substantif, un verbe, une particule, un nominatif, un génitif, un temps présent, un temps passé, un subjonctif, un indicatif, un actif, un passif, etc. Les distinctions ne se font principalement qu'à l'aide de la place qu'on donne à ce mot dans la phrase; cela lui imprime le cachet spécial de telle ou telle relation.

Ces idiomes sont monosyllabiques puisque les racines (les mots signifiants), dans toutes les langues qu'on a étudiées jusqu'à présent, sont des syllabes simples. La simplicité, l'unité de l'*idée* doit se refléter également dans l'unité du *son*, c'est-à-dire dans une syllabe unique. Ici le mot n'est pas encore devenu un organisme, une multiplicité de divers membres : le mot n'est ici qu'une unité ferme et sèche comme un cristal.

Il existe cependant un trajet presque insensible entre ce principe rigoureusement unitaire et l'apposition d'un son déterminant, d'une *relation*, à côté du son de *signification*. Pour exprimer ici la relation, on choisit surtout soit des sons ayant une signification générale : par exemple *homme* et *femme*, pour désigner le sexe, soit des racines de relation, pronoms, c'est-à-dire des racines qui avaient primitivement une signification très-générale ou qui l'ont reçue plus tard.

Les compositions de cette sorte existent déjà dans les idiomes monosyllabiques; mais quand elles augmentent en nombre, le caractère de l'idiome devient peu à peu tout autre. En effet, quand la *relation* s'exprime par des mots qui s'attachent, qui se collent, pour ainsi dire, à la fin du mot de la *signification* resté immuable, alors le signe si caractéristique de l'idiome monosyllabique cesse de subsister : le mot *significatif* ne renferme plus le mot *relatif*; le mot *relatif* vient d'obtenir une existence à part. Tous ces mots de relation commençaient par être des mots de signification, et ce n'est que plus tard qu'ils ont été altérés, défigurés, et qu'ils finissaient presque sans exception par devenir des mots de relation.

Voilà la deuxième grande classe de langues, celle des langues d'*agglomération* ou d'*agglutination* : elles procèdent par voie purement et simplement mécanique. Cette classe comprend beaucoup de subdivisions, selon la manière plus ou moins intime dont les mots de relation s'attachent soit à la racine, c'est-à-dire au mot de signification, soit entre eux. Quelquefois les mots affixés existent encore comme s'ils n'étaient que des mots isolés; on les voit isolément, on les entend isolément; quelquefois, au contraire, il y a là une fusion tellement étroite, que la langue agglomérante se rapproche visiblement des langues de la troisième classe, des langues à flexion.

Toute catégorie et classe intermédiaire, — c'est un fait constant observé par les naturalistes, — est représentée par un nombre très-considérable d'individus; de même, cette classe intermédiaire des idiomes compte une grande masse d'individus, ou plutôt la plus grande partie de toutes les langues du genre humain. C'est là que le mot se forme par des membres; voilà une différence fondamentale d'avec les langues monosyllabiques. Mais ces membres ne se confondent pas encore en un seul organisme entier; voilà leur différence fondamentale d'avec les langues à flexion. Le mot n'y est donc qu'un composé de plusieurs mots conservant encore chacun une sorte d'individualité. C'est comme le végétal, tandis que la première classe doit être comparée au minéral.

Dans la première classe, nous rencontrons l'unité la plus rigoureuse, mais sans l'expression particulière des relations.

Dans la deuxième classe, nous rencontrons l'expression souvent très-explicite des relations à l'aide des mots affixés ou attachés, mais aux dépens de l'unité.

Dans la troisième classe, enfin, nous trouvons la signification et la relation incorporées dans des mots particuliers, et cela sans déroger à l'unité. Voilà certainement la classe la plus élevée, la plus riche, la plus féconde, la plus flexible ; elle seule reflète, mieux que les deux précédentes, les mouvements de l'âme et de l'esprit, l'acte de la pensée, dans laquelle, on le sait, il y a fusion complète de la *signification* et de la *relation*, qui se pénètrent réciproquement. Ce qu'il y a de grandiose dans ce triple développement, c'est que sur le premier échelon nous voyons, conformément à la logique de Hégel, l'*identité sans différences*, l'identité pure et simple de la signification et de la relation ; sur le deuxième échelon, nous découvrons la *différenciation* de la si-

gnification d'avec la relation, à l'aide de mots spécialement affectés à manifester l'une et l'autre; sur
le troisième échelon, enfin, cette différenciation,
cette séparation, se renferme de nouveau pour re-
constituer l'*unité*, mais unité infiniment supérieure
à l'unité de l'identité primitive, puisque cette
seconde unité est le résultat de la différence précédente. Cette *seconde unité* n'est plus le contraire
pur et simple de la différenciation; elle l'a absor-
bée, digérée et assimilée, pour ainsi dire; bref,
elle agit comme le vrai organisme vivant, comme
l'animal. Les idiomes à *flexion* sont donc les êtres
les plus parfaits de tout le Règne de la Parole; dans
ces idiomes le mot est devenu l'*unité de la multiplicité des membres ou des organes*, c'est-à-dire l'organisme animal unitaire et multiple à la fois.

Du reste, cette dernière classe est cohérente avec
la classe agglomérante par des formes intermédiaires; on rencontre assez souvent parmi les langues
agglomérantes des phénomènes isolés qui rappellent la flexion. Nous verrons dans cette troisième
classe une subdivision, comme dans la deuxième.

Ce système de la Triade, de la véritable et unique Trinité (il n'y en a pas d'autre) qui se manifeste et dans la Nature tout entière et dans l'Esprit
tout entier, embrasse nécessairement toutes les

langues du globe, celles qui ont existé, celles qui existent, et celles qui existeront. Certes, beaucoup de langues nous sont inconnues, mais il est aussi certain qu'une langue qui ne cadrerait pas avec ce système, qui n'appartiendrait pas à une des trois grandes classes susmentionnées, serait une langue impossible. Voilà encore de la logique pure et simple, hors laquelle il n'y a ni salut ni même existence.

Quant aux rapports entre les trois classes, il est évident que la deuxième et la troisième sont plus rapprochées l'une de l'autre que de la première ; dans la classe première il y a une lacune fondamentale, puisqu'il y manque un des deux facteurs qui produisent la langue (1).

III.

HISTOIRE DE LA LANGUE.

Ce que nous avons vu se manifester dans *le système des langues* comme *classe*, ou, ce qui revient au

(1) Le texte allemand dit : « L'unité de l'idiome à flexion a *aufgehoben* la différenciation de l'idiome aggloméré et de l'idiome monosyllabique. » J'ai traduit ici le verbe *aufheben* par *absorber, digérer* et *assimiler*. Ce mot allemand est un exemple frappant de la grande lucidité *idéale* de la

même, dans *l'Idée de la Langue* comme *momentum*, nous espérons le retrouver dans le développement historique de la Langue comme époque ou période historique, puisque tout développement a cela d'essentiel, de faire apparaître l'un *après* l'autre dans le cours des temps ce que l'Idée renferme en elle comme des *momentum* coordonnés, et ce que le système contient comme des parties l'une *à côté* de l'autre.

Cette loi suprême ne se borne nullement au développement des sphères intellectuelles proprement dites (par exemple, de la philosophie). Il ne faut point croire que la Langue, comme appartenant au

langue allemande, puisque, tout en ayant au premier coup d'œil deux significations diamétralement opposées, il ne les a que parce qu'elles sont unies ou identiques au fond, quand on les regarde d'un point de vue supérieur. *Aufheben* en effet signifie littéralement lever, enlever (en latin, *tollere*); or, ce qu'on a enlevé, on peut soit le conserver ailleurs, soit le détruire. Ainsi donc *aufheben* réunit réellement les deux sens opposés, *mettre quelque chose de côté pour le garder*, et *annuler*. Le magnifique et profond langage dialectique de Hegel se sert surtout de ce mot incomparable pour exprimer l'idée de la croissance organique, de la filiation des époques historiques, etc. Dans chaque phénomène vital supérieur, l'observateur dialecticien retrouve le phénomène précédent, mais *absorbé*, déprimé à l'état de simple trace, ombre, ou, comme dit Hegel, de *momentum* : ainsi, dans l'homme achevé, vous avez encore le jeune homme et l'enfant; dans le fruit, vous avez la fleur avec ses parties particulières ; dans l'état social avancé, vous avez les résultats antérieurs moins complets, etc.

(Le Traducteur.)

côté naturel ou non libre de l'Homme, soit exempte de cette loi, qui se montre aussi dans la série des organismes naturels (1) : dans *l'histoire naturelle* du globe terrestre, par exemple. Le Cristal, la Plante, l'Animal, ces trois apparitions de la Nature, expriment à la fois trois moments (*momentum*) dans l'Idée de l'Organisme, trois divisions dans le Système des Êtres naturels, et trois époques dans le Développement du Globe.

Je me suis trompé, quand j'ai dit, *Histoire comparée des Langues*, page 2, etc., que la Langue appartient à la sphère *spirituelle* de l'homme, parce qu'elle possède une histoire, et qu'il n'y a d'histoire que dans cette sphère. Certes, la Langue aussi manifeste un développement successif, qu'on peut appeler *histoire* dans un sens plus large de ce mot; mais ce développement n'est point un signe caractéristique de la libre sphère *spirituelle*, et il se montre de la manière la moins déguisée dans la spère *naturelle*, c'est-à-dire dans la naissance, la croissance et la mort des végétaux et des animaux. Mon erreur provenait de ce que je confondais alors le *Développement* en général et l'*Histoire* proprement dite.

---

(1) L'auteur, comme hégélien, maintient la différence entre Esprit, Intelligence, Liberté d'un côté, et Nature, Non-Liberté de l'autre (*Le Traducteur*).

La Langue et l'Esprit, il est vrai, se touchent, absolument comme la Nature et l'Esprit se touchent
aussi; il y a là même identicité; mais l'Identicité,
c'est l'union inséparable de deux choses diverses,
dont l'une sous beaucoup de rapports peut être
opposée à l'autre.

Nous avons ainsi le droit de nous attendre à voir
dans le cours des siècles les idiomes s'élever par
degrés de l'état monosyllabique à l'état d'agglutination, pour aboutir enfin à l'état de flexion. Or,
au premier coup d'œil nous en apercevons précisément le contraire; plus nous remontons le courant de ce fleuve, appelé *idiome*, plus il se montre
développé. Le latin, par exemple, est plus riche
en formes que les idiomes romanisés d'aujourd'hui; les langues modernes de l'Inde qui dérivent
du sanskrit sont tout à fait dégénérées, quand on
les compare à la perfection sublime de leur noble
mère, et le chinois de nos jours est tout aussi monosyllabique que celui des monuments les plus
anciens. L'expérience démontre que dans les temps
historiques les langues déclinent, et nous n'assistons jamais à la naissance d'une langue nouvelle.
Eh bien! en voyant aux premiers rayons de l'Histoire la Langue déjà si richement développée,
nous en inférons avec raison que la formation de

la Langue avait lieu *avant* l'Histoire. Une nation ne saurait entrer dans l'arène de la politique, que quand elle aura achevé sa langue nationale. L'Esprit se manifeste par deux activités distinctes, qui s'excluent l'une l'autre : d'abord la formation de la Langue, puis la formation politique de l'Histoire. Au commencement, l'esprit national a produit la langue nationale, et c'est ce même esprit qui produit plus tard la nationalité. Il y a un parallèle entre l'époque anté-humaine du Globe et l'époque anté-historique de l'Homme. Dans l'époque anté-humaine du Globe il n'y avait pas de conscience humaine, et dans l'époque anté-historique de l'Homme il n'y avait pas de liberté humaine. Dans l'époque anté-humaine l'Esprit était comme absorbé par la nature, et dans l'époque anté-historique il ne s'était pas encore dégagé du son. Il en est autrement dans l'époque actuelle du genre humain ; aujourd'hui l'Esprit s'est concentré dans l'Homme, et cela en se dégageant des sons, pour se constituer libre. D'un autre côté, la Nature, si puissante, si violente, si abondamment créatrice dans les époques antérieures de notre globe, est enfin descendue à la simple reproduction, elle n'engendre plus rien de nouveau, depuis que l'Esprit universel (l'Ame de l'Univers) est entré comme

Conscience du Moi dans l'Homme; l'Homme, voilà le véritable microcosme. Dès le moment où l'Homme commença à se reconnaître lui-même dans ce qu'on appelle Histoire, il a fatalement cessé de *créer* la Langue, cette image reflétée de son essence ; il l'avait créée, mais à une époque où il ne possédait pas encore conscience de lui-même. Cette époque est au delà de toute histoire, au delà de toute mémoire. Depuis il n'y a dans les idiomes que de la reproduction, au lieu de création, en même temps qu'il y a de plus en plus de la dégénérescence dans les races des idiomes (*Histoire comparée des Langues*, p. 17).

Aussitôt que l'Histoire prend naissance, aussitôt que l'Esprit, au lieu d'engendrer les sons, se met vis-à-vis d'eux pour s'en servir, la Langue ne peut plus se développer ; elle commence à effacer peu à peu ses particularités caractéristiques. Il y a donc deux époques totalement distinctes dans l'histoire des idiomes : d'abord l'histoire de leur développement, c'est l'époque anté-historique, puis l'histoire de leur décadence, c'est l'époque historique.

Vouloir remonter encore plus en arrière, vouloir encore rechercher les lois qui ont présidé à la création des sons de *signification*, cela nous paraît être une tâche entièrement inutile. Nous nous

2.

contentons du développement de la Langue, ce qui constitue ses *formes*, et nous supposons sa *matière*, sa substance phonétique ou acoustique, qui sert pour ainsi dire de matière première à ce développement; ce sont en d'autres termes les racines ou les sons de signification. Comment cette matière première, commune à tous les idiomes, comment les racines ont-elles pris origine?

Cette question, qui a été posée plus d'une fois, est probablement tout aussi insoluble que la question relativement à l'origine d'un organisme quelconque. On peut bien comprendre le rapport général entre la Langue et l'Esprit, mais il n'en est pas de même quant à la question suivante : « Pourquoi cette racine a-t-elle cette signification particulière? » Ce qui veut dire : « Quel est le rapport qui existe entre la signification et le son, le mot? » La création des sons est, comme la Nature en général, un acte immédiat, spontané, artistique et non réflectif; il n'y a là rien à faire par la voie d'analyse.

L'époque primitive ou anté-historique ne saurait être reconstruite pour notre méditation que d'après l'essence des idiomes existants : ce n'est qu'alors que nous voyons clairement, en les observant et disséquant pour ainsi dire, que *le monosyllabisme* était l'élément primaire, puis est venue *l'agglutina-*

tion, et en dernier lieu *la flexion*. Les langues monosyllabiques se sont les premières arrêtées dans leur développement. On voit à la construction des langues agglutinantes qu'elles se sont développées du monosyllabisme; de même les langues à flexion. En d'autres termes, l'agglutination renferme le monosyllabisme, la flexion renferme à la fois le monosyllabisme et l'agglutination, comme des *momentum* disparus, qui n'y ont laissé qu'une trace plus ou moins perceptible.

Décomposer les langues d'une classe supérieure et les réduire au monosyllabisme, rechercher dans les langues de flexion les racines monosyllabiques qui ont produit peu à peu par voie de composition les organismes des mots : voilà la tâche principale de la grammaire explicative.

Nous voyons que certaines langues n'ont pas atteint au degré le plus haut, celui de la flexion; nous voyons également qu'il y a certains êtres qui n'ont pas atteint au niveau de l'organisme animal. La substance de la langue d'un côté, la substance organique de l'autre, n'ont pas partout obtenu leur développement complet. Sur chaque degré, sur chaque échelon intermédiaire il existe des parties de cette substance, qui y sont pour ainsi dire pétrifiées; chaque période du grand développement continu a laissé derrière elle un représentant.

On a beaucoup discuté sur la priorité du Verbe et du Substantif dans la grammaire historico-philosophique; cette discussion est nulle au fond. Le mot, en effet, ce son indifférent portant une *signification*, est à la fois Substantif et Verbe, selon la *relation* dans laquelle il est senti; tandis que, selon l'idée, toutes les parties de la parole humaine existent déjà de prime abord, du moins implicitement. Ainsi, même lorsque la signification seule était *exprimée*, la relation était cependant *sentie*, sous-entendue; en chinois, par exemple, on s'aperçoit très-bien si un mot chinois doit se traduire dans notre langue par un verbe, ou par un substantif, et cela quoique le mot chinois ne manifeste point ces *deux* sens par *deux* formes distinctes. Mais quand l'homme exprime les relations par des distinctions phonétiques ou acoustiques, les parties de la phrase vont se séparer phonétiquement les unes des autres; ainsi, par exemple, aussitôt que le verbe a revêtu une forme extérieure, le substantif assi a reçu en même temps une autre forme différente de celle-là. Le verbe et le substantif se trouvent dans un contraste nécessaire, mais il n'y a pas là de priorité: il y a synchronisme complet.

Dans la croissance de la langue on peut remar-

quer une marche ascendante et régulière : il en
est de même dans sa décroissance. Plus l'esprit
se déploie dans le courant de l'histoire, plus il se
dérobe au son; les flexions vont par conséquent
s'affaisser, pour ne pas dire s'effacer; tout luxe va
disparaître; les éléments phonétiques l'un après
l'autre ne seront plus sentis dans leur signification,
ils vont se plier aux lois physiques des organes phonétiques et acoustiques. Ces lois exerceront beaucoup d'influence sur l'organisme de la parole par
des assimilations et des décompositions phonétiques de toute sorte. Cette influence est semblable
à celle que les organismes morts des plantes et
des animaux ont à subir de la part des lois chi-
miques. Et ce n'est pas la théorie apriorique
seule, c'est aussi l'expérience matérielle qui fait
voir que l'Histoire Nationale et l'Histoire de la Langue sont en rapport inverse. Voyez les nations de
la civilisation moderne; toutes ont eu une histoire
politique et sociale fortement agitée, et aucune, appartenant à la grande souche indo-germanique, n'a
pu conserver la perfection primitive de son idiome.
N'oubliez pas non plus que toutes ces nations, les
véritables pionniers et architectes de la civilisation
humaine, se sont mises en contact permanent entre
elles; c'est encore là un motif, du moins acces-

soire, de la décroissance des idiomes primitifs. Quelle énorme différence entre les idiomes romaniques ou germaniques (surtout l'idiome anglais) d'un côté, et l'idiome lithuanien de l'autre! Ceux-là, appartenant à des nations profondément et depuis longtemps travaillées en tout sens par les luttes de l'esprit, ont perdu beaucoup de leur richesse primitive; tandis que l'idiome des Lithuaniens, qui n'ont eu ni une histoire ni une littérature riche et féconde, s'est maintenu dans son originalité antique et naïve. Les langues slaves, de même, se montrent à l'observateur comme des langues dont les possesseurs n'ont pas encore achevé leur développement politique et social. La langue norvégienne, telle qu'elle se parle aujourd'hui dans l'île d'Islande, ancienne colonie des Norvégiens, possède encore presque toutes les richesses formelles de l'antique langue du Nord; tandis que cette langue a beaucoup dégénéré chez les Suédois, les Danois, et même chez les Norvégiens du continent. Pourquoi? Parce que les habitants de l'Islande restaient étrangers aux mouvements de l'Europe, et que les Suédois, les Danois, et les Norvégiens proprement dits, ces trois branches du grand arbre nordlandais, participaient et participent constamment à l'histoire universelle du continent européen. Les grandes époques, celles qu'on pourrait appeler les cataclysmes des races et des sociétés, sont accompagnées d'une rapide décroissance des idiomes; la migration des peuples vers l'empire romain était suivie d'une dégénr escence subite des langues romanes et germaniques.

La manière dont cet affaissement formel s'opère est partout la même au fond, parce qu'il existe une ressemblance fondamentale dans la nature de toutes les nations et, par conséquent, dans leurs organes phonétiques et acoustiques. Ainsi, il y a des mutations qui se font dans certaines combinaisons phonétiques chez les nations les plus diverses absolument d'après la même méthode; on voit se présenter peu à peu les mêmes changements dans les langues *monosyllabiques*, dans les langues d'*agglutination*, et dans les langues de *flexion*. C'est là quelque chose de surprenant à la première vue, et qui ne s'explique parfaitement que par la nature physiologique des organes de la voix humaine, qui sont identiques partout et toujours.

Un fait qui se reproduit dans toutes les langues qui marchent avec la civilisation, c'est qu'elles perdent la *prosodie* (la longueur et la brièveté) de leurs syllabes, et qu'elles la remplacent par l'*accent :* voyez les langues latinisées vis-à-vis du latin.

Les langues d'une organisation supérieure, celles de flexion, ont en outre le désir de *simplifier* leurs formes grammaticales. Elles coupent, par exemple, souvent les terminaisons de flexion, les cas de déclinaison, en leur substituant des prépositions; le verbe a perdu les formes des temps et des modes, il les remplace par des verbes dits auxiliaires, et se voit obligé d'y ajouter les pronoms personnels, parce que les terminaisons personnelles se sont effacées à leur tour, ou que, si elles restent encore debout, elles ne sont plus senties par l'oreille comme telles. De cette manière se trouve presque rompue la vieille synthèse qui existait entre la *signification* et la *relation;* ces langues secondaires à *flexion* descendent sur le deuxième plan, celui de l'*agglomération,* et la vraie flexion ne s'y maintient souvent que dans le cas où le radical lui-même est changé. Ce qui s'était dit par un seul mot, ne se dit plus que par plusieurs: en latin *matri,* en italien *alla* (c'est-à-dire *ad la*) *madre,* en français *à la mère; — amor, io sono amato, je suis aimé.* Cela a fait appeler ces langues des langues analytiques.

Un autre signe de la décadence formelle, c'est l'affaiblissement du pronom démonstratif, et plus tard encore du mot de nombre *un,* jusqu'à ce point que l'un et l'autre finissent par devenir l'article:

en latin *homo, piscis*, signifient aussi bien un homme, un poisson, que l'homme, le poisson ; mais dans les langues modernes on a , en allemand, « der « Mann, der Fisch, ein Mann, ein Fisch ; » l'homme (*le, la* vient de *ille, illa*, comme *cet, cette* de *iste, ista*) et le poisson, un homme, un poisson. Quand les terminaisons des déclinaisons *du nom* ont été usées, il a besoin de l'article ; de même *le verbe*, quand il a rejeté ses terminaisons, ou quand elles ne sont plus senties comme jadis, ne peut se passer des *pronoms* personnels, qui deviennent ainsi de véritables *pro-verbes*. Les pronoms personnels sont pour le verbe ce que l'article est pour le nom. Les antiques formes finales, si abondantes et si multiples, font place à un nombre restreint de quelques formes prépondérantes ; cette analogie monotone des terminaisons est un signe caractéristique de la dégénérescence : homm*e*, latin hom*o* ; ros*e*, ros*a* ; co*r*, corn*e*, corn*u* ; latin homin*es*, ros*ae*, cor*nua*, s'affaiblissent en français à devenir homm*es*, ros*es*, corn*es* ou cor*s*, c'est-à-dire que la consonne finale *s* en français a chassé par voie d'analogie toutes les autres terminaisons si variées *es, ae, a*, etc.

Est-ce que de la sorte les langues à flexion pourront redescendre à l'état d'agglutination, et même à l'état monosyllabique ? Ce n'est guère probable, mais, ce

qui est certain, c'est que des langues à flexion qui
sont tombées en ruines, ne pourront jamais se relever de nouveau à leur hauteur primitive. Du reste,
il est prouvé, ce me semble, que les idiomes monosyllabiques et agglutinants de nos jours ne doivent
point passer pour d'anciennes langues à flexion re-
tombées à l'état d'enfance; comment l'expliquer,
entre autres, quand il est constaté que ces peuples n'ont point eu une histoire extrêmement agitée
de la pensée? Leur littérature aurait dû être singulièrement puissante et volumineuse, et cependant
comment expliquer la disparition complète de cette
littérature? Quant au chinois monosyllabique, on
en possède des monuments de la plus haute antiquité, qui suffisent pour détruire toute idée d'une
perfection précédente au monosyllabisme, et quant
aux idiomes agglomérants, ils ne proviennent, à en
juger d'après l'état actuel de notre science, que du
monosyllabisme, et nullement de la flexion.

Or, il se présente ici une autre question importante :

Quelle est la cause de cette décadence?

Cette cause existe en dehors de la libre volonté,
elle est au-dessus de toutes les langues. L'histoire
sociale d'une nation, surtout sa littérature, pourra
accélérer ou retarder la décadence de son idiome,

mais n'oublions pas que le point de départ de cette
décadence existe dans la nature humaine. C'est
donc la linguistique, science de la nature humaine,
qui aura à étudier l'histoire de l'idiome. La linguistique ne peut se passer de l'histoire de la langue
humaine, principalement quand il s'agit des idiomes
modernes.

L'altération continuelle des sons se montre clairement dans le rapport entre l'écriture et la prononciation. L'alphabet d'une langue peut nous
fournir une image assez nette de la prononciation,
à l'époque où il y fut introduit, — abstraction faite
de l'impossibilité matérielle de nous représenter
chacune des nuances si multiples de la voix et de
l'oreille. — Or, bientôt après l'établissement de
cet alphabet on s'aperçoit de certaines divergences
entre la prononciation et l'écriture du même mot.
Ces divergences vont en augmentant; les sons
changent de plus en plus, les caractères alphabétiques restent immuables en montrant une époque
du passé, comme l'aiguille d'un cadran arrêté.

L'écriture peut ici adopter deux méthodes :
l'une, c'est de suivre pas à pas les changements
des sons prononcés, méthode *phonétique;* l'autre,
c'est de se fixer à une prononciation antérieure,
méthode *historique* (en français, en anglais, etc.).

Chacune des deux a ses avantages; on pourrait même se servir de l'une et de l'autre à la fois.

IV.

MÉTHODE DE LA LINGUISTIQUE.

Le lecteur a vu que la Langue est à l'Esprit de l'Homme comme la Nature en général est à l'Esprit en général (1); les trois classes des langues (*monosyllabisme*, — *agglomération* ou *agglutination*, — *flexion*) ont leur analogie dans les trois classes des organismes naturels (*minéraux*, — *végétaux*, — *animaux*).

Il faut non-seulement étudier les langues, il faut aussi les comparer entre elles; cela est tellement vrai, qu'on ne saurait bien connaître une seule

(1) Selon le système de la philosophie hégélienne, en effet, l'*Esprit universel* ou l'*Intelligence générale*, le contraire de la *Nature* ou *Matière*, existe non-seulement dans l'*Homme* comme ayant conscience d'elle-même, mais aussi dans la *Nature* ou *Matière* comme n'ayant point conscience d'elle-même, bien que cet Esprit dans la Nature se manifeste en lois : ainsi, les Astres, les Minéraux, les Végétaux, les Animaux, se composent et sa'gitent d'après des lois, mais sans les savoir. L'Homme seul les sait. (*Le Traducteur*).

langue, qu'en connaissant toutes les autres et
en les embrassant d'un coup d'œil pénétrant et général. Or, nous avons déjà vu que la matière à
comparer est précisément l'expression phonétique
de la *signification* et de la *relation ;* c'est-à-dire
la formation des mots, la grammaire. Étudions
donc profondément avant tout la grammaire ; l'observation la plus minutieuse étant l'unique moyen
d'arriver à quelque résultat sérieux dans les sciences naturelles. Cette observation doit se faire par la
personne elle-même, il ne suffit point de s'en re-
mettre à d'autres ; le minéralogue, le botaniste, le
physiologiste, le physicien, le chimiste, sont
dans le même cas que le linguiste : il faut pénétrer
dans les secrets des organismes naturels, comme
dans ceux des idiomes, par sa propre force intellectuelle.

Le vrai linguiste n'adopte pas l'opinion d'autrui,
le vrai philologue ne souscrit pas à une citation
d'autrui, sans les avoir vérifiées.

Dans les langues récentes, la route d'observation
est presque toujours peu commode, à cause des
altérations qu'elles ont subies dans leur décadence.
Il est nécessaire de remonter le fleuve d'une langue
jusqu'à sa source pour y reconnaître sa configuration primitive, et si cela ne peut se faire parce que

ses anciens monuments nous font défaut (comme par exemple dans les idiomes slaves), il faut ébaucher son image primitive d'après ses analogies avec d'autres idiomes.

Alors nous pourrons à notre aise établir des comparaisons grammaticales entre la langue que nous avons choisie pour point de départ, et les autres langues.

Cette comparaison rigoureusement scientifique des organisations de langues, a cela de commun avec l'étude de toutes les autres organisations naturelles, qu'elle conduit le linguiste à la catégorie du Genre. Le Genre va en se répétant toujours de nouveau à travers toute la longue série des gradations.

La philosophie hégélienne définit la catégorie du Genre, comme « n'étant point seulement somme « additionnée, nombre composé d'autres nombres, « mais plutôt une puissance réelle qui non-seule- « ment *embrasse* tous les exemplaires individuels, « mais qui aussi les *produit*. » Cette catégorie ainsi déterminée ne trouve son application que dans la sphère de la *Nature* ; elle ne la trouve pas dans celle de l'*Esprit*. Elle existe de même pour les langues. Erdmann (dans sa *Logique et Métaphysique*) dit très-bien : « Les Espèces sont des groupes dis-

« joints, classés sous une généralité appelée Genre,
« ils ont donc en même temps le caractère de la
« généralité et embrassent des choses disjointes. »
Les Espèces sont des Genres qui sont comme des
Individualités vis-à-vis d'un autre Genre ; ces Espèces, considérées comme des Genres, se subdivisent
en Sous-Espèces, et ainsi de suite, jusqu'à ce qu'on
arrive à l'Individu. Le Genre lui-même n'a pas
d'existence particulière, il ne se montre que dans la
totalité de toutes ses Espèces, et les Espèces ne se
montrent que dans la totalité de leurs Individus.

Cette méthode de classification, — Genre, Espèce,
Sous-Espèce, etc., — constitue l'essence des systèmes dits *naturels* des Sciences naturelles ; tandis
que les systèmes dits *artificiels* appartiennent au
Rationalisme vain et vide ; ceux-ci sont précisément
les adversaires de la Spéculation, qui puise dans
l'objet même. Ces malencontreux systèmes *artificiels*
sont, pour ainsi dire, assez capricieux pour s'attacher arbitrairement à un phénomène particulier,
d'après lequel ils s'efforcent à diviser et à subdiviser
la sphère entière ; c'est comme si vous vouliez, par
exemple, classifier les langues d'après la manière
dont elles forment le nominatif, ou le subjonctif, ou
autre chose. Un système *naturel*, au contraire,
suit strictement la totalité de son objet.

Pour apprendre quelles sont les divisions les plus générales, les classes des idiomes, les espèces constituant le genre *Langue*, il suffit souvent de ne pas pénétrer jusqu'aux entrailles mêmes de l'objet; il en est bien autrement quand il s'agit de mettre à leurs places des langues à flexion extrêmement dégénérées. Les trois formes générales (*monosyllabisme*, *agglutination*, *flexion*) ne diffèrent entre elles que par des distinctions purement formelles. On n'a ici qu'à faire attention *si* et *comment* la *relation* y est exprimée; on n'est pas encore obligé d'observer si la *relation* et la *signification* sont désignées par des sons matériellement analogues.

L'expression matérielle des *relations* suppose déjà celle des *significations*; le mot de relation n'étant au fond qu'un mot de signification. Or, selon les ressemblances, les analogies, dans cette expression, l'observateur parvient à diviser les trois grandes classes (langues monosyllabiques, langues d'agglutination, langues de flexion) en groupes : ce sont les espèces des genres. Pour reconnaître la formation et la signification les plus anciennes des mots de *relation*, il faut analyser les langues d'organisation supérieure, en les décomposant et en les ramenant à leurs degrés inférieurs ou précédents. Cette activité de l'historien linguiste s'occupe de la période primitive, où l'idiome a pris naissance, longtemps avant l'histoire politique. — Chaque groupe à son tour, quand on le regarde comme genre, se subdivise, d'après des lois phonétiques et acoustiques, en espèces, familles, idiomes, dialectes et patois. Il ne faut pourtant pas oublier que cette systématisation compliquée n'existe que chez les langues supérieures qui contiennent des significations et des relations différemment exprimées ; dans les langues inférieures ou monosyllabiques, il ne s'agit que des significations.

Quant au style individuel d'une seule personne, il est sans influence immédiate sur les formes et les lois phonétiques de l'idiome, et ne saurait être regardé comme une subdivision. Il n'en est pas de même du patois, dernière division de la langue ; le patois est toujours le résultat non réfléchi de la concordance non préméditée qui existe entre plusieurs personnes. Le patois est nécessairement de la *spontanéité*, le style individuel est nécessairement de la *liberté*. Le patois se fait sans que les quelques individus qui l'engendrent y fassent attention, ou du moins sans qu'ils en aient conscience ; le style individuel se fait intentionnellement et sous l'influence directe de l'homme individuel. Nous refusons donc au style individuel une place dans

3.

l'échelle sus-mentionnée, nous l'éliminons de la *linguistique* et l'abandonnons à la *philologie*.

Les connaissances qu'on a aujourd'hui des langues, ne sont pas encore suffisantes, pour en construire un système parfait dans tous ses détails. C'est principalement sur la deuxième classe, celle des langues agglomérantes, la plus nombreuse puisqu'elle est une classe intermédiaire, que les bonnes observations nous font défaut.

Encore un mot. La méthode que nous suivons ici, qui est celle des sciences naturelles, est maintenant adoptée par tous les linguistes qui méritent ce nom. Ils sont enfin tous d'accord sur la nécessité absolue de ne proclamer la parenté entre plusieurs langues qu'après en avoir étudié leurs qualités grammaticales, et ils reconnaissent tous l'importance des lois phonétiques.

Seuls, les charlatans en linguistique hasardent encore des comparaisons d'après la simple ressemblance des sons. L'uniformité phonétique n'y est pour rien : ἀνάλογος en grec et « aehnlich » en allemand se ressemblent quant au sens et au son, bien qu'ils soient entièrement étrangers l'un à l'autre ; *jour* en français, au contraire, et *dies* en latin, viennent d'un même radical (*div* luire, *dies* pour *div-es : jour* de *diurnus, giormo*). Si vous ne voulez

pas analyser mot par mot, vous ignorerez éternel-
lement si la ressemblance est l'œuvre du hasard, ou
si elle est celle de la parenté. Ainsi, en hongrois,
farkas (prononcez farkache), en sanskrit *vrkas,* en
lithuanien *wilkas,* en polonais *wilk,* le loup ; en hongrois de *fark,* la queue, composée avec la syllabe
dérivative *as :* tandis que dans l'indo-germanique il
y a la racine *vrçk,* blesser, avec la terminaison du
cas en — *s* (1). On rencontre même des emprunts
dans la sphère des notions les plus vulgaires : en
hongrois *szomszed,* le voisin ; en polonais *sąsiad* et
en tchèque *saused ;* en hongrois *ház,* probablement
de l'allemand « haus, » maison. On se tromperait
encore davantage si l'on croyait voir une preuve
de la diversité d'origine dans la diversité des dénominations des objets dits vulgaires : *terra,* la terre,
en grec γῆ ; *arbor, tree,* en grec δενδρών, *Baum,* l'arbre ; en arabe *qamar* et en hébreu ÿ*áreach,* la lune ;
de pareilles différences existent souvent dans les
langues le plus étroitement liées, même dans les
dialectes d'une seule langue.

Avant de proclamer un mot comme identique
dans deux langues, il nous faudra l'analyser gram-

____

(1) *Voyez* Pott, *Indogerm.-Sprachstamm* dans l'Encyclopédie de Ersch
et Gruber.

maticalement, le disséquer comme font les anato-
mistes, le décomposer comme font les chimistes.
Il nous faudra savoir comment, d'après les lois phonétiques de ces deux idiomes, le mot en question
doit être formé dans chacun ; ainsi, par exemple,
le *s* allitérant du sanskrit ne s'exprime point en grec
par ς mais par ' ; le *v* est effacé en grec ; le *a* se change
presque toujours en ε ou ο, le *ç* en κ ; voilà des changements phonétiques, ou ce qui revient exactement
au même, acoustiques qui ont déjà été démontrés
à l'évidence, de sorte qu'on peut avec la plus grande
assurance maintenir la correspondance entre le
sanskrit *svaçuras* et le grec ἑκυρος, etc., etc. (1).

Concluons. L'harmonie lexicale entre deux langues, sans l'harmonie grammaticale, ne prouve rien.
Une langue peut avoir emprunté beaucoup de mots,
sans altérer son essence vitale ; l'anglais, malgré
l'énorme quantité de mots celtiques et romaniques
qu'il a adoptés, reste une langue intégralement
germanique ; le persan moderne, malgré tous ses
mots arabes, reste un idiome d'Iran ; le turc-osmanli n'a rien perdu de son élément tatare, même
après s'être affublé d'une masse de mots persans et
arabes. Le caractère d'une langue consiste dans des

____

(1) *Voyez* Schott, *Versuch über die tatarischen Sprachen.*

rapports profonds et si puissants, que les mots étrangers empruntés s'y soumettent sans résistance. Bref, il n'y a pas ce qu'on appelle *une langue mixte*, comme il n'y a pas non plus d'organisme naturel *mixte;* tout être organique n'est qu'une unité énergiquement constituée, circonscrite, repliée sur elle-même, et ayant son centre en elle-même.

L'influence des autres idiomes sur une langue ne se borne peut-être pas à la sphère simplement lexicale.

On rencontre des ressemblances surprenantes dans les nuances phonétiques de langues appartenant à des groupes éloignés. Le sanskrit possède entre autres cette singulière sorte de sons connue sous le nom de *cérébrales*, mais elle existe aussi dans les idiomes primitifs du Dékhan, qui sont radicalement différents du sanskrit, et elle n'existe dans aucune des autres langues du globe; le chinois de Pékin ressemble dans sa prononciation au mantchou (1); l'ossète, idiome irano-indo-germanique, et les idiomes tatares du Caucase, ont le système phonétique appelé *géorgique*, qui est propre aux idiomes caucasiques proprement dits; le livonien, voisin du slave, possède un système phonétique

(1) Endlicher, *Chines. Grammat.*, p. 107.

presque slave, et se distingue par là énormément de l'idiome lithuanien ; les *Anlaute* changeants de l'antique haut-allemand, chez le vieux écrivain Notker, existent aussi dans le celtique (1) ; la langue slave du midi, la langue des Slaves du Danube, est d'accord dans plusieurs points avec les langues romanes, tandis que celle des Valaques ou Dacoromènes possède avec l'alphabet slave plusieurs particularités phonétiques slaves, et ainsi de suite. Toutes ces choses cependant ne prouvent rien en faveur de la parenté entre les idiomes ; elles ont été, comme des mots du dictionnaire, transplantées d'une langue dans l'autre ; peut-être encore ne sont-elles que les conséquences nécessaires de l'identité du climat commun à deux nations voisines.

V.

DES LANGUES EUROPÉENNES EN GÉNÉRAL (2).

En Europe existent des idiomes appartenant à des familles et même à des classes différentes.

(1) Grimm, *Geschichte d. deutschen Sprache*, I. 364.
(2) *Voyez* Pritchard, *Researches into the physical history of mankind.*

Ont-ils une origine commune? Sont-elles, en d'autres termes, toutes sorties d'une même langue primitive? Faudra-t-il en dire ce que les théologiens ont dit de l'origine de toutes les races humaines, qui, selon eux, sont issues de deux personnes, de l'homme Adam et de la femme Eve?

A cette question on peut opposer cette autre :

Les langues, comme vous savez, ont pour mots primitifs les mots de signification, les racines; il s'agit donc de savoir si les racines montrent une analogie telle qu'il nous faudra en conclure l'origine commune des langues du globe?

Quant à moi, je crois pouvoir affirmer l'analogie des racines; abstraction cependant faite des langues qu'on ne connaît pas encore assez. Les racines dans toutes les langues connues sont monosyllabiques, et l'homogénéité matérielle s'y découvre même chez des langues de diverses classes : en chinois *fu*, en tibétan *pha*, en sanskrit *pi*-tr, en latin *pa*ter, le père; en chinois *mu*, en tibétan *ma*, en égyptien *mu*, en sanskrit *mâ*-tr, en latin *ma*ter,

---

Je citerai toujours les ouvrages indispensables à l'étude de notre objet; ainsi, Vater, *Litteratur der Grammatiken, Lexica und Wörtersammlungen aller Sprachen der Erde,* Auflage von Jölg, 1847, Berlin. Mais c'est là un livre sans méthode scientifique et qui est même loin d'être complet.

la mère ; la terminaison indo-germanique *-tr* ou *ter* n'appartient point à la racine.

Mais il y a encore à décider si ces coïncidences non équivoques proviennent d'une langue primitive, source de toutes les langues historiques, ou si elles ne sont que les résultats inévitables de l'identité universelle de la nature physiologique de l'Homme dans tous les pays du globe? On peut très-bien dire : puisque, par exemple, la famille romane est la fille du latin, puisque les langues primaires indo-germaniques (c'est-à-dire des langues qui sont les bases de familles, comme le latin et le sanskrit) doivent être appelées les filles d'une mère commune, — on peut dire qu'il est nécessaire de pousser cette opération rétrospective plus loin encore. A ce point de vue les souches auraient donc jadis été unies, unies dans une seule langue primitive. Mais je n'y vois aucunement une nécessité logique, absolue, reposant dans l'objet lui-même. On a beau appuyer sur l'accord frappant des races humaines, on ne prouvera point par là leur origine d'un seul Adam et d'une seule Ève ; cet accord des races les plus diverses est nécessaire puisque l'essence du genre humain ne saurait être qu'une. Une foule d'Adams et une foule d'Èves, dans les contrées diverses du globe, ont sans doute produit un genre humain essentiellement aussi identique, que s'il n'y avait eu qu'un seul Adam, qu'une seule Ève. Du reste, cette question n'influe pas sur les études linguistiques ; en tout cas, nous sommes obligés de classifier les idiomes d'après la catégorie du Genre.

Or, l'Europe possède plusieurs genres à la fois, des genres nombreux quand on considère sa petite étendue territoriale (1). Dans la souche malaye, au contraire, qui appartient à la classe agglutinante, et qui s'étend sur un énorme espace insulaire depuis l'île de Madagascar jusqu'à l'île de Pâque, et depuis les îles Philippines jusqu'à l'île de la Nouvelle-Zélande, on ne trouve réellement que deux grandes divisions : le *malay proprement dit,* la division orientale depuis les Philippines jusqu'à Madagascar, et la langue *polynésienne*, la division occidentale. Ces deux troncs se subdivisent, il est vrai, en une quantité considérable de dialectes et de patois, mais ils ne proviennent que d'une seule souche qui règne à peu près sur deux tiers de la surface du globe.

Quant à la langue des Négritos, qu'on appelle aussi

___

(1) *Voyez* dans le *Physicalischer Atlas* de Berghaus des cartes linguistiques d'une grande perfection.

Papouas ou les nègres de l'Australie, elle renferme bien des mots malays, sans toutefois, à ce qu'il paraît, appartenir au type malay (1). Selon Pritchard (*Histoire du genre humain*, IV, 283), les idiomes du continent australien, qui montrent une grande affinité entre eux et qui forment un ensemble, n'appartiennent point au malay.

L'Europe, cet avant-poste géographique de l'Asie, trouve en effet des langues analogues en Asie, à l'exception du basque.

La souche indo-germanique de la classe à flexion a rempli presque toute l'Europe : elle s'y subdivise en Albanais et Grecs, Romanes, Livoniens, Slaves, Germains et Celtes. La même souche, abstraction faite de la petite interruption par les idiomes turc (en Asie-Mineure) et caucasiques, occupe la Perse et l'Inde jusqu'aux bords du fleuve Bramapoutra. Il y a, en effet, une longue distance de là aux îles de Faroër et d'Islande.

Une autre grande souche de la classe à flexion, les langues sémitiques, avait jadis pour représentants les Araméens (c'est-à-dire les Syriens et les Chaldéens), les Phéniciens, les Hébreux en Asie,

____

(1) *Voyez* Buschmann, *Aperçu de la langue des îles Marquises,* 1843, Berlin ; et Humboldt, sur *la langue Kawi,* l. 4.

et les Carthaginois en Afrique; aujourd'hui elle est presque dans toutes ces contrées représentée par les Arabes, et en Europe elle n'en a de traces que dans le dialecte maltais, qui appartient à l'idiome arabe.

Un énorme territoire, en Asie, est occupé par la souche tatare, qui est de la classe agglomérante. Ses représentants, à l'ouest, sont comme des sentinelles plantées à la rencontre des Indo-Germains. Cette souche commence à la frontière nord-est de l'Asie, et va en s'étendant vers l'ouest, parmi les Tóngouses (Mantchous) et les Mongols. Ces deux nations, à l'exception d'un district mongol en Europe, au nord du Caucase, près le Volga inférieur, n'existent qu'en Asie. Elle embrasse les Turcs, famille très-répandue, qui habitent près le Léna (les Yacoutes), séparés de la masse de sa famille et parlant son idiome antique et pur.

Plus vers l'est il y a encore deux endroits où les Yacoutes demeurent : l'un à l'ouest de l'embouchure de l'Indighirka et vers l'est de cette rivière dans l'intérieur du pays; de sorte que la famille turque s'étend, de l'est à l'ouest, de 150° à 14° longitude de Paris. Elle va depuis les Ouïgoures dans la partie orientale de la Haute-Tartarie, à travers les Kirghises, les Turcs de la Sibérie, les Turcomans, etc., jusque dans la Russie européenne; c'est ici qu'elle porte le nom général de Tatare, en se subdivisant en beaucoup de dialectes. Des morceaux turcs se retrouvent encore plus loin, vers l'ouest, dans l'intérieur de la Russie, et surtout dans le Caucase, dans la Crimée et dans l'Asie-Mineure. C'est d'ici que les Turcs conquérants ont établi une quantité nombreuse de petites colonies en Europe sud-est, au milieu des idiomes grec, albanais et slave méridional. Tout le bord septentrional de la Mer Glaciale (Russie asiatique et européenne), depuis la Mer Blanche jusqu'à l'embouchure du Léna, est habité par les Samoïèdes ; leur langue peu connue appartient, dit Schott dans son livre sur les langues altaïques ou finno-tatares (Berlin, 1849), à la partie finnoise ou occidentale de la souche tatare. Aux confins de l'Asie et de l'Europe on trouve sur les deux côtés de la chaîne de l'Oural une foule compacte de dialectes de la même famille, connus sous le nom général de Finnois orientaux. De cette tribu finnoise il existe des représentants éloignés, sous le nom de Finnois, d'Esthniens et de Lapponiens ; leurs langues forment une totalité particulière, et qui n'est séparée du Samoïède que par les eaux de la Mer Blanche. N'oublions pas non plus le Madyar, véritable île déchiquetée, projetée au loin vers le sud, et entourée de plusieurs idiomes indo-germains. Bref, la souche tatare s'étend des bords de la Mer du Japon jusqu'aux environs de Constantinople et de Vienne (Autriche), et des bords de la Mer Glaciale jusque dans l'intérieur du Tibet, jusqu'au lac Tingri, près la grande capitale Lassa, de même jusqu'aux environs de Gazna et de Hérat, dans le pays des Afghanes, et jusqu'à la côte méridionale de l'Asie-Mineure.

Parmi toutes les langues indo-germaniques de l'Europe, il n'y a que la langue basque qui reste étrangère à celles de l'Asie ; je ne parle pas ici des langues du Caucase européen, dont l'étude sera encore à faire. Et voyez, comme le basque, cet idiome radicalement anti-asiatique, a été refoulé dans un coin de la côte occidentale de l'Europe, de même il existe en Asie, à sa pointe la plus méridionale, à sa marge orientale et aux îles adjacentes, des langues que, d'après l'état actuel de la science linguistique, il faut déclarer étrangères à celles de l'Europe.

Ainsi, en commençant par le sud, on rencontre dans la péninsule des Indes-Orientales, en deçà du Gange, la langue agglomérante du Dékan, dans la partie méridionale de cette péninsule et dans l'île de Ceylan ; elle embrasse les idiomes des Toulou-vas, Malabares, Tamoules, Telingas, Carnatas, et

Cingalais. Puis, les vastes empires occupés par la classe monosyllabique, les langues de la presqu'île indienne au delà du Gange, et le tibétan, avec tant de formes intermédiaires; le tibétan, comme le barman, a jeté pour ainsi dire un pont entre l'agglutination et le monosyllabisme (1). La partie méridionale de la presqu'île au delà du Gange, Malaque, divise la population insulaire en Malays et en Négritos. On ignore, à l'heure qu'il est, si les idiomes des Indes-Orientales au delà du Gange, le barman, et les autres, plus purement monosyllabiques (siamois, anamite, etc.), ont beaucoup d'analogie avec le chinois. L'étendue du chinois est très-grande; il est divisé en plusieurs dialectes. On ne sait pas encore les rapports entre d'autres idiomes et le coréite, le japonais et l'aïno (qui se parle principalement à Jetzo et à Carafto); le japonais et l'aïno sont de la classe agglutinante, d'après ce qu'a dit Pfitzmayer (*Oestereich. Académie der Wissenschaften*, 1849, cahier I, 38). On ne sait à peu près rien à l'égard des langues des Camtchadales, des Tchoukchiens, et des autres habitants dans la péninsule boréale de l'Asie. En d'autres termes, des idiomes asiatiques tout à fait étrangers aux idiomes

____

(1) *Voyez* Humboldt, sur *la langue Kawi*, p. 386.

européens, ne se trouvent que dans la marge orientale de l'Asie, depuis la Mer des Glaces jusqu'au Malabar.

Quant à des analogies entre les langues européennes et les langues africaines, par exemple, celle de l'Égypte, elles n'ont pas encore pu être découvertes. Il en est de même quant aux langues américaines, qui ont beaucoup de ressemblance entre elles depuis le cap Horn jusqu'au Groënland; elles n'ont rien de commun avec celles de l'Europe (1). Quant aux langues de l'Océanie, dont nous avons déjà parlé, leur affinité avec celles de l'Europe est nulle. Ainsi, les langues de l'Europe et celles de l'Asie forment un ensemble, qui est limité par la mer au sud, à l'ouest et au nord et qui a pour voisins à l'est, au sud-est et nord-est, une série de divers idiomes étrangers qui sont posés entre elles et la mer. Dans l'ouest, il n'y a qu'une seule exception, c'est le basque, idiome vraiment

(1) *Lisez* Pickering, *Sur les idiomes indiens de l'Amérique*, 1834. — Howse, *A grammar of the Cree language, with which is combined an analysis of the Chippeway dialect;* London, Rivington, 1844. Cet ouvrage est important pour les linguistes, il analyse le système grammatical. Il est enfin temps, ce me semble, de pousser les recherches dans les langues américaines, les recherches les plus minutieuses et les plus savamment dirigées. On connaît tous les ordres des êtres organiques; pourquoi s'arrêterait-on devant les langues américaines et océaniques?

4

énigmatique : il a l'air d'être la seule langue abo-
rigène ou primitivement née dans l'Europe, tandis
que toutes les autres nations européennes, c'est-à-
dire celles qui appartiennent à la classe indo-germanique et à la classe tatare, semblent y avoir fait
invasion du fond de l'Asie. Après avoir mieux étudié le finnois, l'albanais, le celtique, on n'a plus le
droit de les regarder, comme on l'avait fait, comme
des idiomes aborigènes ou primitivement établis
en Europe.

Au premier coup d'œil, on s'étonne de voir que
les sections idiomatiques ne répondent point aux
races humaines, c'est-à-dire aux différences qui existent dans l'organisme naturel du genre humain.
Ainsi, la famille appelée langue turque est parlée
par deux races distinctes : par celle des Caucasiens
et par celle des Mongols. Ainsi, les Laponiens parlent une langue qui a de l'affinité avec celle des
Magyars (Hongrois), bien que le type des habitants
de la Hongrie diffère énormément de celui des habitants de la Laponie.

J'en crois trouver la cause seulement dans l'influence que le climat, la nourriture, l'aspect de la
nature environnante et la manière d'existence
exercent plutôt sur l'organisme du corps de l'homme
que sur celui de son langage. Je fais fort peu de cas

de ce qu'on a désigné sous le nom d'un mélange avec d'autres races, ou d'un échange mutuel des idiomes (1).

Voyez, par exemple, les tribus turques qui restent fidèles à leur vie nomade, les Kirghises ; ils gardent encore aujourd'hui le type spécifique connu sous le nom de type mongolique, tandis que d'autres tribus turques, qui dans un climat plus bénigne s'attachèrent à un genre de vie différent, les Tatares casaniques et les Osmanlis, remplacèrent peu à peu ce type primitif par le type européen.

Quant à la marche historique des idiomes européens, elle ne saurait être étudiée en général que chez les Indo-Germains, bien qu'il y aît même ici des idiomes dont nous ignorons la formation primordiale.

Quant aux idiomes non indo-germaniques de l'Europe, les anciens documents nous font défaut.

Et cela doit être ; seules, les langues à flexion, celles des Sémites et des Indo-Germains, ont porté sur leurs épaules jusqu'aujourd'hui l'histoire de l'humanité. Les Indo-Germains et les Sémites, voilà les deux races qui ont fait de l'histoire ; par conséquent, vous n'avez pas d'espoir de trouver une lit-

____

(1) Pritchard, *Histoire du genre humain*, I, 3, p. 423.

4.

térature ancienne chez des nations européennes qui parlent des idiomes dépourvus de flexion.

La description suivante des idiomes va fournir des preuves, des exemples et des commentaires, pour vérifier ce que j'ai dit sur l'essence des langues en général. Or, un tableau systématique ne doit représenter que des choses coordonnées; il ne doit pas donner des choses qui se sont *suivies*, mais des choses qui se sont passées *l'une à côté de l'autre*. C'est là précisément la différence entre un *système* et une *histoire*. Celle-ci traite l'objet, pour ainsi dire en dimension longitudinale; le système, au contraire, le traite en dimension transversale. Les langues européennes dites *mortes* (le latin, le grec) ne nous regardent donc plus, quand nous écrivons une comparaison systématique des langues européennes *actuelles*. On pourrait, du reste, en écrire une qui s'occuperait des idiomes européens d'une autre époque que la nôtre.

Il existe parmi les langues qui ont fini leur rôle sur le théâtre du globe, les langues *mortes*, une différence importante qu'on a eu tort de méconnaître. Quelques-unes n'ont subi que des changements; le latin, le grec, ne sont pas tout à fait effacés, ils continuent à subsister après s'être transformés en langues romanes et en grec moderne.

Quelques autres n'ont en effet aucune existence actuelle ; elles ne se sont pas conservées dans une langue moderne : ainsi le celtique en Cornouailles, le polabe slave, le lettique prussien ou l'ancien borusse. Ces idiomes-là pourraient très-bien continuer leur existence encore à l'heure qu'il est ; s'ils n'ont plus de place sous le soleil, s'ils sont disparus du règne des êtres vivants, ils ont été égorgés par une force brutale venue du dehors, et ils ne se sont nullement éteints par une nécessité intérieure, soit par épuisement, soit par absorption.

Ces langues, égorgées dans des temps modernes, méritent d'être enregistrées au système linguistique ; elles sont rigoureusement coordonnées à leurs sœurs encore vivantes.

Les langues mortes par transformation organique, au contraire (le grec, le latin), ne pourront ici être discutées qu'en tant qu'elles sont *les mères des familles modernes ;* la latine, par exemple, est la mère de la famille romane actuelle.

Mes lecteurs ne demanderont pourquoi j'ai traité dans ce livre la langue monosyllabique des Chinois, qui est en dehors du rayon des langues européennes ? Ma réponse est qu'ils ne sauraient bien étudier la deuxième et la troisième classe qu'après s'être initiés dans la première.

A. LANGUE MONOSYLLABIQUE.

VI.

CHINOIS (1).

Il est sans doute assez difficile pour un homme qui est né dans une langue plus élevée, soit d'agglutination, soit de flexion, de se transporter avec ses idées dans le centre de la langue monosyllabique par excellence.

Le chinois n'exprime par des sons que la signification ; ses mots ne sont que des unités inorganisées, et ce principe de l'unité rigoureuse de la parole est tellement fort dans cette langue, qu'elle n'admet

(1) *Voyez* Stephan Endlicher, docteur en médecine et botaniste à Vienne en Autriche, *Aufaugsgründe d. chines. Grammatik.* J'ai suivi cet ouvrage dans le chapitre présent. — De Guignes, *Dictionnaire chinois-français et latin*, Paris, 1813, avec treize mille trois cent seize signes ; avec un appendice très-important par J. de Klaproth, 1819, Paris. — Morrison, *A dictionary of the Chinese language*, Macao, 1815-1823.

que les syllabes réellement simples. Chaque mot chinois ne se compose que d'une consonne qui commence et d'une voyelle qui finit; la seule exception qui existe est le mot qui signifie en français « *et,* » en chinois *eul* (d'après l'orthographe des sinologues français), ou *urh* (d'après l'orthographe du sinologue anglais Morrison); ce qui semble prouver que le mot en question se prononce dans une bouche chinoise à peu près comme un *l* guttural (en polonais et en espagnol *l* avec le trait : *ł*), qu'on fait précéder rapidement d'une voyelle sombre, prononcée dans l'arrière-partie de la cavité buccale.

Quant aux consonnes, la grammaire des Chinois en a énuméré trente-six, nombre beaucoup trop grand et susceptible d'une forte réduction, puisque, ce me semble, ils ont compté doubles quelques consonnes, en suivant servilement le système indien.

Un mot ne commence que par une seule consonne; aucun ne possède des groupes de consonnes, car leur *tch* ou *tsch* est compté pour une consonne simple, comme le *tscherf* russe (c'est-à-dire *tch* ou *tsch*). Il en est de même des autres consonnes sibilantes et aspirantes. D'un autre côté, nos langues ont des consonnes fort répandues, par exemple, *b, d, r,* etc., qui manquent complétement au chinois.

Chaque mot chinois, c'est-à-dire chaque syllabe chinoise, se compose d'un son initial et d'un son final. Le son initial doit être une des trente-six consonnes chinoises ; le son final doit être une voyelle ou une diphthongue, qui ne supporte qu'une consonne nasale mise à la fin.

Les voyelles, qui forment le deuxième élément du mot chinois, sont moins simples ; il y a là aussi des diphthongues, précédées soit d'un *ou*, soit d'un *i*, soit enfin de tous les deux à la fois. En outre, la voyelle finale peut être prononcée de deux manières par le nez : on aura ainsi les terminaisons — *iouan*, — *iang*, — *iao*, etc. Du reste, le chinois n'a pas toutes les combinaisons possibles des consonnes et des voyelles, de sorte qu'il ne se compose, du point de vue phonétique, que de quatre cent cinquante combinaisons. L'accent chinois se manifeste par une sorte d'intonation chantante et de cinq manières différentes, ce qui permet à chaque mot de se manifester à l'oreille comme plusieurs mots différents. Mais il y a des syllabes qui n'admettent jamais toutes les cinq intonations, et il faut en effet dire que le nombre des mots indigènes reste fort restreint malgré cette multiplicité des accentuations chantantes.

La syllabe chinoise réunit donc beaucoup de *significations* tout à fait différentes, qui, très-souvent, ne peuvent être marquées que par leur position dans la phrase.

On verra, plus tard, comment la langue chinoise *parlée* s'efforce à remédier à la confusion qui naît de sa pauvreté; celle-ci est en effet très-grande. Quant à la langue *écrite,* elle serait souvent dans l'impossibilité la plus complète de se faire comprendre, si l'écriture était purement phonétique.

L'écriture phonétique ne peut exister que pour des langues basées sur le principe d'une différence des *significations* qui correspond toujours exactement à une différence des *mots,* des langues chez lesquelles il n'y a des homophonies que par exception; tandis que le chinois, où une seule syllabe possède je ne sais combien de significations, deviendrait dans beaucoup de cas inintelligible sous l'application de l'écriture phonétique. Ainsi, la syllabe *tschéou* signifie *vaisseau, cuvette d'eau, flèche, couverture de soie, plumasseau,* une certaine *plante,* etc., etc. Il lui faudra donc une écriture qui apprenne aux lecteurs surtout la signification.

Au commencement l'écriture chinoise ne se composait en effet que d'images; plus tard il est vrai, elle tournait quelquefois son attention aussi vers le mot, vers le son.

Le chinois dispose de cinquante mille signes, mais ils ne sont nullement tous en usage. On les écrit en les rangeant en ligne perpendiculaire les uns au-dessus des autres, et ces lignes, ces colonnes, se suivent de droite à gauche.

Les signes sont *premièrement* des images proprement dites, par conséquent à la fois des signes de notion et des signes de son, par exemple : *le soleil* ⊙, *la lune* ☽, *la lueur*, exprimée par la combinaison de soleil et de lune ⊙☽. De même : *porte et oreilles* 門, *au-dessus* ⌐, *au-dessous* ⌐, *au milieu* φ, *un* —, *deux* ⹀, *à gauche* 𐄁, *à droite* ⹀, *blanc* 白, c'est-à-dire un œil très-louche dont on ne voit presque que le blanc, *des amis* 朋, c'est-à-dire les deux valves d'une moule. Les signes de cette sorte sont évidemment de la plus haute antiquité; mais aujourd'hui on leur donne une figure un peu altérée : le soleil est devenu 日, on prononce *ji*; la lune est devenue 月, on prononce *ioué*; la lueur est devenue 明, on prononce *ming*; écouter est devenu 聞, on prononce *we'n ;* au-dessus est devenu 上, on prononce *scha'ng ;* au-dessous est devenu 下, on prononce *hià ;* au milieu est devenu 中, on prononce *çung ;* un est devenu ⚊, on prononce *ĭ ;* deux est devenu ⚌, on prononce *eül ;* à gauche est devenu 左, on prononce *tsò ;* à droite est devenu 右, on prononce *yéou ;* blanc est devenu 白, on prononce *pe ;* des camarades sont désignés aujourd'hui par 朋 et prononcés *peng*.

Ces signes-images ne font cependant que la trentième partie de tous les signes chinois ; les autres sont *deuxièmement* des signes composés d'un élément phonétique ou signe de *son* et d'un élément idéographique ou signe d'*idée ;* en d'autres termes, composés d'un signe *vocal* et d'un signe *idéal.* Cette deuxième classe de signes peut s'appeler celle des caractères d'écriture ; chacun se compose de *deux images* dont chacune représente un *objet* particulier et exprime un *son* particulier ; le caractère d'écriture est donc à la fois signe de son et signe de notion. Mais, remarquez-le bien, dans cette composition, chacune des deux images abandonne une de ces valeurs en conservant l'autre : l'une des deux images cesse d'être signe de *notion* ou d'*idée* et continue d'être signe *vocal,* tandis que l'autre image cesse de servir de signe *vocal* et continue d'être signe *idéal.*

Un exemple. Le mot sus-mentionné *tchéou,* si riche en significations, ne s'écrit par une image que quand il signifie un *vaisseau* 舟. Ce signe est donc à la fois signe d'idée et signe de son. Pour ses autres significations *tchéou* n'est qu'un élément phonétique ou vocal; il donne au signe avec lequel il se combine le son de *tchéou,* et abandonne tout à fait la signification de *vaisseau;* en même temps, les autres images auxquelles il se combine cessent d'avoir une valeur vocale et donnent au caractère d'écriture une signification déterminée : ainsi l'image *tchéou,* vaisseau, se combinant avec l'image *choui,* eau 氵, devient 汫 *tchéou,* cuvette d'eau;

se combinant avec l'image 車 *kiou,* voiture, devient 輈 *tchéou,* timon;

se combinant avec l'image 羽 *y'ou,* plume, devient 翢 *tschéou,* duvet;

se combinant avec l'image 矢 *schi,* flèche, devient 艅 *tchéou,* flèche de chasseur.

De cette manière, on a donc évité tout malentendu dans l'écriture. Chaque syllabe chinoise possède, à cause de son grand nombre de significations, plusieurs signes phonétiques, quelquefois même beaucoup. On ne s'en tient pas là; on se sert de certains caractères d'écriture comme de signes phonétiques, en les composant avec un signe idéal, abstraction faite de leur signification primitive. Souvent toutefois le signe phonétique a été choisi à cause de sa signification primitive. Du reste, on peut prendre pour signe phonétique un caractère d'écriture quelconque : c'est de cette manière qu'on exprime des mots étrangers à la langue chinoise, par exemple *anglais* se prononce par *ing-ki-li, jésuite* par *ya-sou-hoei-sse, christianus* ou *chrétien* par *ki-li-sse-tang* (1). Chacun de ces mots se compose de monosyllabes, qui sont à leur tour des mots chinois, et qui ont abandonné dans cette combinaison leurs significations primitives. Les Japonais, les Annamites, et d'autres peuples se servent de ce procédé quand ils écrivent leurs langues à l'aide des signes chinois.

Quant aux images, presque toujours simples, dont on se sert comme d'éléments idéographiques, pour diriger le regard du lecteur sur la classe d'i-

______

(1) Ils n'ont pas la lettre *r*.

dées à laquelle il faudra reporter le son exprimé par le signe phonétique, elles ne sont pas très-nombreuses. Or, parce qu'un et même élément idéographique revient souvent dans beaucoup de caractères d'écriture, on en peut tirer profit pour diviser ceux-ci en classes ; en d'autres termes, *les éléments idéographiques deviennent ainsi les signes de classification pour les caractères.* De là, la possibilité d'enregistrer toute la masse des caractères, c'est-à-dire d'en faire un dictionnaire. Les divisions du dictionnaire sont formées par les images qu'on place sous le nom d'éléments *idéographiques*, à côté des signes *phonétiques ;* en outre, on y a ajouté quelques images non usitées comme signes de classification et quelques éléments graphiques. Ces *clés du dictionnaire chinois* sont au nombre de deux cent quatorze ; elles sont arrangées d'après le nombre des traits de plume dont elles se composent. Il est souvent difficile de trouver quelle est la clef dans cette multitude de traits, et l'usage du dictionnaire chinois réclame beaucoup de patience et de temps au commencement ; mais, quoi qu'il en soit, admirons toujours l'énorme sagacité de cette nation, qui a réussi à mettre ordre dans son écriture et dans l'enregistrement lexical. En effet, la langue chinoise, si misérable au premier coup d'œil, mérite les louanges qu'en fait le frère d'Alexandre de Humboldt, le grand philosophe-linguiste Guillaume de Humboldt, auteur des deux beaux ouvrages sur la langue Kawi et la langue basque : « Quand « on étudie le chinois, dit ce savant, on comprend « peu à peu l'excellence de cet idiome, et son in- « fluence considérable sur l'intelligence; seulement « cette profonde influence s'est bornée à un point; « elle n'embrasse pas au large. »

Un exemple. Si nous voulons rechercher dans le dictionnaire le caractère graphique 輈 *tschéou*, en français le timon d'un carrosse, composé du signe phonétique *tschéou* 舟, le vaisseau, et du signe idéographique *kiou* 車, le carrosse, la voiture, il s'agit de reconnaître laquelle de ces deux parties est l'élément idéographique? On trouve, il est vrai, dans les grammaires et dans les diction-naires, à l'énumération des clefs, un avis qui suffit pour la plupart des cas, mais il y reste encore assez de difficultés pour celui qui ne fait que commencer l'étude si compliquée de cet objet. On devra ici chercher la clef dont il s'agit dans le tableau des clefs; elle est composée de sept traits 車 *kiou*, la voiture; on découvrira un grand trait vertical |

qui forme le vrai radical du caractère, un petit trait vertical ¦ à gauche du grand trait vertical, un trait angulaire ⌐ qui forme avec le petit vertical ¦ trois côtés ⌐ du carré, et quatre traits horizontaux ☰. On devra donc parcourir le nombre nullement excessif de toutes les clefs à sept traits, et on finira par rencontrer le caractère *kiou*, qui occupe le N° 159 dans le registre des clefs chinoises. Puis, on devra chercher ce signe dans le dictionnaire, et décomposer le signe subordonné (à droite ici) en ses traits particuliers, dont on aura six d'après les règles d'orthographe chinois, c'est *tschéou* 舟, le vaisseau. On trouvera sous cette clef tous les signes subordonnés, rangés d'après le nombre de leurs traits constitutifs; il ne faudra donc ici parcourir que tous les signes subordonnés qui ont six traits, et on y découvrira le caractère graphique en question, sa prononciation *tschéou* et sa traduction *le timon*.

Nous avons donc vu que le rapport entre l'écriture chinoise et le son est à peu près nul; il est entièrement nul dans toutes les *images,* et très-vague dans les *caractères graphiques,* puisque, même en connaissant les deux images qui se combinent, nous ne saurions jamais bien conclure de là à la prononciation du caractère composé. Ainsi, on ne pourra pas apprendre à lire en chinois comme on l'apprend dans les autres langues. La *prononciation* d'un côté, la *configuration* des caractères de l'autre, marchent en chinois sans la moindre liaison intérieure et nécessaire. Il s'ensuit que nous ne pouvons rien apprendre, dans les documents les plus anciens de la littérature chinoise, sur les changements phonétiques que cette langue a subis pendant des milliers d'années.

Dans les autres langues qui se servent de l'écriture alphabétique, on apprend plutôt à épeler et à lire qu'à comprendre ce qu'on a lu ; en chinois, au contraire, on peut fort bien comprendre une phrase sans être capable de se rappeler la valeur vocale de tous les caractères qui composent cette phrase. Du reste, la copie verbale des sons chinois par les lettres alphabétiques de l'Occident, représente assez mal la véritable prononciation chinoise. On voit des personnes qui traduisent très-bien du chinois, tout en ignorant sa prononciation.

Le peu de syllabes, c'est-à-dire de mots, de la langue chinoise ont cela de particulier, que leur prononciation et leur écriture sont invariablement fixées ; il n'y a ni déclinaison, ni conjugaison, etc. C'est par la place qu'on fait occuper à une syllabe qu'on exprime la relation. La grammaire chinoise n'est qu'une syntaxe. Le signe 水 *ta,* une image à traits qui sert de clef pour plus d'une centaine de caractères, peut, selon sa place dans la phrase, être soit adjectif, en français *grand,* soit substantif, *la grandeur,* soit verbe, *agrandir* ou *être grand,* soit enfin adverbe, *grandement.* Quelques mots toutefois sont descendus jusqu'à une signification générale, et ils fonctionnent comme des particules pour exprimer la relation, surtout dans la langue de conversation et de littérature d'aujourd'hui, le *Kouan-Hoá,* à côté duquel il faut encore citer le dialecte de Kouang-toung ou de la ville de Canton et de la province maritime Tou-Kian. Mais ces particules ne sont pas nécessaires, on les rencontre rarement dans le *Koû-wen,* l'ancienne langue littéraire; du reste, elles n'appartiennent pas au génie particulier de la langue chinoise, elles sont en quelque sorte des ballons d'essai lancés pour élever celle-ci à une catégorie supérieure dans le développement.

Ainsi, distinguez ici entre la langue chinoise *écrite,* qui est précise et ne permet pas la moindre méprise, et la langue chinoise *parlée,* qui reste condamnée à des malentendus nombreux. Abel Rémusat, dans son *Essai sur la langue et la littérature chinoise* (Paris, 1811, p. 56), raconte, entre autres, que bien souvent deux personnes en conversation se voient forcées de se demander avec une politesse mutuelle l'explication de tel mot par écrit ; de sorte qu'un mot simple, qui peut s'entendre de plusieurs manières, se trouve exprimé par écrit en *deux* mots écrits dont l'un détermine de plus près le sens de l'autre. Cette manière de s'expliquer n'a rien de choquant pour les Chinois.

La conversation contient beaucoup de ces composés synonymes qui sont caractéristiques pour le génie de la langue : par exemple les mots *tao'* et *loû*, avec accent égal, signifient : *tao'*, dérober, renverser, atteindre, couvrir, un étendard, du blé, conduire, fouler aux pieds, *le chemin ;* le mot *loû* signifie : la voiture, la rosée, le corbeau de mer, une certaine rivière, une sorte de bambou, forger, détourner, *le chemin*. Mais composez les deux mots, et vous verrez que *tao'-loû* ne signifiera que *le chemin*, puisqu'ils ne coïncident que dans cette signification seule. Il faut donc se représenter ces mots comme des *racines* pures et simples, dont chacune renferme tant de significations et de relations (infinitif, nominatif, etc.); dans chaque mot chinois il y a une foule de relations pour ainsi dire à l'état latent, et qui n'en peuvent ressortir qu'au moyen de la combinaison avec d'autres.

5.

Le sexe, le nombre, les cas, etc., peuvent ainsi être exprimés en les composant avec des mots qui signifient *mâle*, *femelle*, *multitude*, etc. Ainsi, *tschoung-jin*, c'est-à-dire foule de personnes; *nan-tsè*, homme-enfant, c'est-à-dire fils; *niǒu-tsè*, femme-enfant, c'est-à-dire fille. — Le génitif peut s'exprimer par la particule *tschi* ou *ti*, qui est aussi un pronom corrélatif, donc *min* (peuple) *-li* (force), ou *min-tschi-li* (dans le Kou-ven), ou *min-ti-li* (dans le Kouan-hoa), ce qui doit signifier « la force du peuple. » De même, pour exprimer l'accusatif, le locatif, le datif, l'ablatif, l'instrumental, on se sert de certains mots comme de prépositions; l'instrumental, par exemple, se rend à l'aide du mot *y*`, qui signifie *employer : avec* ou *par la force du peuple* se traduit *y*` *min-li*, littéralement *employer la force du peuple.* Le superlatif s'exprime d'une manière semblable : *le meilleur de tous les hommes* doit être rendu par *pe fou tschè te*, c'est-à-dire littéralement *cent hommes bons ;* les mots *cent hommes* sont ici accompagnés de la particule du génitif, ce qui fait *de cent hommes.* De même le verbe n'est reconnu comme tel que par sa place dans la phrase; il ne se distingue en rien de tous les autres mots de la phrase; l'actif et le passif ne diffèrent que par leur place, quelquefois aussi le passif doit être exprimé par un détour, par exemple, *voir protection*, c'est-à-dire être protégé : *kian pao*. Le mode et le temps pourront être reconnus à l'aide des mots environnants ; le nombre et la personne ne s'expriment jamais au verbe chinois.

Je vais citer une pièce, choisie dans le *Meng Tse* (vers la fin du quatrième siècle avant Jésus-Christ, d'après l'ouvrage de Saint-Julien, *Meng Tseu vel Mencium edd. latina interpretatione instruxit*, *etc.*, 1824, Paris). Je me sers, en transcrivant les mots chinois en lettres occidentales, du dictionnaire de Basile de Glémone ; les accents au-dessus des mots expriment l'intonation chinoise.

Meng Tseu, éd. Saint-Julien, p. 1, lig. 5. Je fais imprimer dans la traduction en italique ce qui y est ajouté pour compléter le reste.

Meng Tse voir Liang Hoei Wang.
Mèng Tsè kién Leâng Hoéy Ouâng.

« Meng Tse visita *de l'empire* Liang *le prince* « Hoei Wang (1). »

Roi parler, vieillard non loin mille lieue et venir,
Ouâng yoǔe seòu pö youèn chy ly eul lây

______

(1) Ce nom signifie *roi des bienfaits*.

aussi vouloir avoir pour (1) avantage moi (mon) empire?
y   tsiäng yeòu y: ly′   où   kŏue hòu.
(Le mot *hòu* exprime l'interrogation.)

« Le roi dit : Vénérable vieillard (le mot *seòu*
est un titre d'honneur donné aux gens âgés),
« *puisque tu* es venu jugeant non loin mille lieues,
« aurais-tu *peut-être* (le mot *tsiang*, verbe auxiliaire, détermine ici le mode de *yeòu*) *quelque*
« *chose* pour l'avantage (pour l'utilité) de mon em-
« pire? »

Meng Tse répondre parler.
Meng Tse   toúy   yŏue.

« Meng Tse répondit et parla. »

Roi, quoi nécessaire parler utilité, aussi avoir
Ouäng hô   py   yŏue   ly`   y   yeòu
humanité justice et finir.
chy   y′   eùl y` y`.
(Le deuxième mot *y`* exprime ici la fin de la phrase,
c'est la particule finale.)

« Roi, à quoi est-il nécessaire de parler *de* l'uti-
« lité? Aussi *moi* j'ai de l'humanité *et* de la justice,
« rien de plus. »

Roi   parler, comment pour avantage je (mon) empire
Ouäng yŏue   hô   y`   ly′   où   kŏue

____

(1) Ce mot *y`* exprime primitivement *employer* et on s'en sert comme
d'une préposition.

grand homme parler comment pour avantage je (mon)
tà   fôu   yoŭe   hô   yĭ   ly'   où
famille, savants multitude homme parler comment pour
kiā   ssé   chú   jin   yoŭe   hó   y`
avantage je (mon) corps dessus dessous unir arracher
ly'   où   chìn   chăng   hiā   kiaō   tsching
avantage, et empire en danger être.
ly'   eul   koŭe   oéy (1)   y` (la particule finale).

« *Si* le roi parlait : *Comment dois-je agir* pour
« l'utilité de mon empire, *alors* diraient les grands :
« *Comment devons-nous agir* pour l'utilité de
« notre famille? Les savants et la populace di-
« raient : *Comment devons-nous agir* pour l'uti-
« lité de notre corps? *Si* les supérieurs *et* les infé-
« rieurs s'arrachent les uns aux autres l'avantage,
« *alors* l'empire est en danger. »

Meng Tseu, p. 32, lig. 6.

A gauche à droite tous ensemble dire sage non
Tsò   yeóu   kīay   yoŭe hièn
encore permettre (la particule finale). Tous grand homme
ouéy   kò   yè.   Tsch tá fôu
tous ensemble dire sage, non encore permettre (la par-
kiāy   yoŭe hièn   ouéy   kò
ticule finale); empire homme tous ensemble dire sage,
yè   koŭe jin   kiāy   yoŭe hièn
ainsi après examine lui (pronom, 3ᵉ pers.) voir sage
jèn heóu tsŭ tschy   {kién hièn

____

(1) Le mot *oéy* signifie : tomber en ruines.

comme (comme un sage, *yèn* est ici adverbe)   après
yĕn   jĕn heóu
faire usage (*de*) lui.
yóng   chy.

A gauche à droite tous ensemble dire non permettre,
Tsò   yeó   kiāy   yoŭe pŏ   kò
non entendre. Tous grand homme ensemble dire non
vŏe ting.   Tschū tá   fōu   kiāy   yoŭe pŏ
permettre, non entendre, empire homme ensemble non
kò   vŏe ting   kouĕ   jĭn   kiāy   pŏ
permettre comme,   après   abandonner lui.
kò   yēn jēn heóu kuù   chy.

« *Si tes ministres assis* à gauche *et* à droite tous
« ensemble disent : *Cet homme est un* sage, *alors*
« *il* n'est pas encore permis *de leur ajouter foi. Si*
« tous les grands ensemble disent : *C'est un* sage,
« *il n'est* pas encore permis ; *mais si* les gens de
« l'empire tous ensemble disent : *C'est un* sage, *et*
« qu'alors, *quand* il a été examiné, tu vois *qu'*il
« est sage, *alors* sers-toi de lui.

« *Si tes ministres assis* à gauche *et* à droite tous
« ensemble disent : *Cet homme* ne peut *être élevé*
« *à un haut emploi, alors* ne les écoute pas. *Si*
« tous les grands ensemble disent : *Lui* ne peut
« *être élevé à un haut emploi, alors* ne les écoute
« pas. *Mais si* tous les gens de l'empire disent :
« *Il* ne peut *être élevé à un haut emploi, et* qu'a-
« lors, *quand* il a été examiné, tu vois qu'*il* ne peut
« *être élevé à un haut emploi, alors* abandonne-le. »

Meng Tseu, p. 56, lig. 2.

Meng Tse dire, humain ainsi honneur, non humain
Meng Tsè yoŭe chy tsĕ (1) yô̆ng pŏ chy
ainsi déshonneur, maintenant haïr, déshonneur et
tsĕ jŏ kīn oú jŏ eûl
persévérer non humain, cela comme haïr humidité et
kū pŏ chy chy yeóu oú tă (2) eûl
persévérer dessous (la particule finale).
kū hiā yè.

   « Meng Tseu dit : *Quand un prince est* humain,
« alors *il se prépare de* l'honneur ; *quand il est*
« inhumain, *il se prépare du* déshonneur, main-
« tenant les princes haïssent le déshonneur et ils
« persévèrent néanmoins dans l'inhumanité ; cela
« *est* comme si *quelqu'un* haïssait l'humidité *tout*
« en demeurant *dans un endroit* bas (*dans un*
« *marais*). »

La langue chinoise est celle d'une population
extrêmement nombreuse, et cultivée depuis des
milliers d'années. Ne dites pas qu'elle soit la moins
perfectionnée de toutes. Guillaume de Humboldt en

______

(1) Une mesure quelconque, les lois, l'usage, après, donc, tout de suite
(*Dictionnaire de Glémone*).

(2) Un fleuve, humecter (*Dictionnaire de Glémone*). D'après Saint-
Julien, ce mot signifie humidité.

avait une opinion favorable : « On ne saurait nier,
« dit-il (*Sur la langue Kawi*, 339), que la lan-
« gue chinoise possède une structure très-rigou-
« reuse, très-conséquente, tandis que les autres
« langues qui n'admettent pas de flexion tout en
« manifestant le désir d'y arriver, s'arrêtent en
« chemin. La langue chinoise marche seule sans
« détour. Elle est certainement moins propre à de-
« venir l'instrument de l'esprit, que les langues
« sanscritiques et sémitiques. Mais malgré sa pau-
« vreté qui consiste dans le défaut à peu près
« complet d'expressions phonétiques ou acousti-
« ques pour les relations grammaticales, elle est
« une rude gymnastique appliquée à l'esprit. Je
« ne crains pas de paraître amateur de paradoxes,
« en disant que c'est cette absence grammaticale
« qui augmente la sagacité de la nation. » Sans
adopter entièrement le mépris que Guillaume de
Humboldt éprouve pour les langues nombreuses,
qui se tiennent au milieu entre la classe monosyllabique et la classe à flexion, nous avouons cependant que dans la classe agglomérante la *relation*
s'exprime d'une manière un peu grossière, qui
efface quelquefois le mot de *signification*.

LES LANGUES EUROPÉENNES.

B. CLASSE DES LANGUES AGGLUTINANTES.

On peut établir une foule de divisions et de subdivisions dans la grande masse des langues, qui se trouvent placées entre la flexion d'un côté et la non-expression de la relation de l'autre. Nous entendons par agglutination en général l'adjonction légère des syllabes de *relation* au mot de *racine* ou de *signification*. Chez quelques-unes de ces langues la notion de *signification* est entendue plus largement, la *relation* y remplit un espace plus considérable, que dans d'autres idiomes de cette classe; la phrase entière s'y agglomère parfois en un seul mot, puisque le radical du verbe même y est capable de s'agglomérer quelques mots de *signi-*

fication indépendants. Guillaume de Humboldt appelle les langues de cette espèce des idiomes *à incorporation*.

Dans ces langues incorporantes la signification du nom cède la place à celle du verbe : le nom joue le rôle d'une explication ajoutée au verbe. A cause de cela les flexions, dont est capable le nom et qui sont souvent fort développées dans les langues agglutinantes (par exemple, dans la langue finnoise), se retirent dans les langues incorporantes devant les formes du verbes; de sorte qu'il y a là une surabondance très-remarquable de formes verbales. Dans les idiomes à incorporation qui, comme nous l'avons déjà dit, aiment à fondre en un mot tout ce qui aurait dû composer la phrase entière, on observe encore des différences. Quelquefois le penchant vers l'unité des mots, le principe de l'incorporation, est tel que le verbe s'assujettit des mots de signification de toute sorte; ainsi les idiomes des indigènes américains; en mexicain *ni - na - ca - qua* ne forment qu'un seul mot, qui se traduit par « je - mange - de la viande. » Quelquefois l'incorporation ne s'opère pas si rigoureusement, le verbe n'engloutit pas des noms entiers, mais il exprime les deux pronoms à la fois, le pronom qui est régi et le pronom qui régit.

Là où cette méthode de flexion du verbe, avec les pronoms y soudés, atteint son dernier développement (dans le basque et dans certaines langues des indigènes de l'Amérique septentrionale), nous rencontrons un nombre immense de formes verbales à flexion. Étudions d'abord une partie des formes du présent d'un verbe dans l'idiome thiroke (1).

PRÉSENT INDICATIF.

L'objet du verbe est de sexe neutre et en nombre singulier.

SINGULIER.

PERSONNES.

1.   *galŭiha* (le *ŭ* exprime le son nasal français — *un*), je l'attache.
2.   *halŭiha*, tu l'attaches.
(2) 3. En présence. *kalŭiha*, il l'attache.
   3. En absence. *gahlŭiha*, il l'attache.

DUEL.

1 et 2.   *inalŭiha*, toi et moi nous l'attachons.
1 et 3.   *awstalŭiha*, (le *aw* anglais est un *u* sombre semblable à un *o*), lui et moi nous l'attachons.
2.   *istalŭiha*, vous deux l'attachez.

(1) Pickering, *Les langues indiennes de l'Amérique*, 1834. Leipzig; traduction allemande par Talvi.

(2) Cela veut dire : la forme *en présence* est employée, lorsque celui qui parle espère ou croit que la personne mentionnée écoute ce qu'il en dit. Dans le cas contraire, on se sert de la forme *en absence*.

PLURIEL.

Personnes,
1 et 2.   *italŭiha*, vous et moi nous l'attachons.

1 et 3.   *awtsalŭiha*, eux et moi nous l'attachons.

2.   *istalŭiha*, vous l'attachez.

3. En présence. *tanalŭiha*, ils l'attachent.

3. En absence. *analŭiha*, ils l'attachent.

L'objet du verbe est de sexe neutre et en nombre pluriel.

SINGULIER.

1.   *tegalŭiha*, je les attache.

2.   *tchalŭiha*, tu les attaches.

3.   *tekalŭiha*, il les attache.

DUEL.

1 et 2.   *tenalŭiha*, toi et moi nous les attachons,
etc., etc.

Il en est de même quand on exprime « tu m'attaches, il m'attache, etc.; il attache toi et « moi, etc. » Ces formes verbales se transforment encore selon qu'on y parle collectivement ou selon qu'on y parle particulièrement, c'est-à-dire selon qu'ils sont attachés ensemble ou qu'ils sont attachés chacun à part; tu attaches lui et moi, etc.; il attache vous et moi ; je t'attache, il m'attache; je vous attache tous deux, il vous attache tous deux, etc., etc.

D'autres idiomes préfèrent ajouter ces formes

compliquées à la fin du radical ; l'idiome des Cries (1) possède ainsi les formes suivantes : \

> *ne* sâke-h-ow, je l'aime.

Les syllabes en italique expriment des pronoms qui sont en nominatif; l'*h* exprime la relation transitive; par conséquent, « ow » signifie « le », et « ne » signifie « je »; *h* exprime l'action.

> *ke* sâhe-h-ow, tu l'aimes.
> sâke-h-ay*oo*, il l'aime.
> *ne* sâke-h-a-*nan*, moi et lui nous l'aimons.
> *ke* sâke-h-à *now*, moi et toi nous l'aimons.
> *ke* sâké-h-*owów*, vous l'aimez.
> sâke-h-ây*wuk*, ils l'aiment.
>
> PLURIEL.
>
> *ne* sâke-h-ów-uk, je les aime, etc.

● De pareilles formations se retrouvent dans des langues diverses, dans celles du Caucase, dans le magyare, dans le mordwine, et, si je ne me trompe, dans celles de l'Afrique méridionale. Elles existent surtout dans l'Amérique.

A. LANGUES AGGLUTINANTES PROPREMENT DITES.

En Europe, on rencontre le principe d'agglutination restreinte dans les langues tatares ; quant

(1) Howse, *A grammar of the Cree language with an analysis of the Chippeway dialect,* 1844, London.

aux idiomes caucasiques, on fait bien de les y classer aussi, parce que leur structure est trop mécanique pour mériter une place dans la classe à flexion.

I.

SOUCHE TATARE (1).

Les Tongouses, les Mongols, les Turcs, et les autres populations appartenant à la grande famille finnoise ou tchoude, parlent tous l'idiome tatare. Leur origine doit être cherchée sur les montagnes d'Altaï. Ainsi, on peut se servir également des noms *tatarique*, *altaïque*, *tataro-finnois*, *altaï-ouralique*.

Le degré le plus élevé est occupé par la langue finnoise proprement dite, c'est-à-dire par la langue suomi, tandis que la langue mantchou, un dia-

---

(1) Schott, professeur à Berlin, *Versuch über die tatar. Sprachen*, 1836, Berlin. — Schott, *Über das Altaïsche oder Finnisch-Tatarische Sprachgeschlecht*, 1849. — Gyarmathi, *Affinitas linguæ hungaricæ cum linguis fennicæ originis grammatice demonstrata*, 1799. C'est un livre encore aujourd'hui très-utile.

lecte tongouse, est placée sur le degré le plus infé-
rieur. Le développement s'est donc fait d'Orient en
Occident, de la mer japonnaise à la mer baltique.
Voyons leurs signes caractéristiques.

Le radical n'admet jamais que des syllabes se
placent à sa tête. Les langues asiatiques de cette
souche, surtout le mantchou et le mongol, séparent
encore en écrivant les sons de relation ; le turc fait
cela rarement ; le finnois et le magyare ne le font
presque jamais, et forment un mot inséparable composé de parties. Le finnois se rapproche déjà de la
flexion. Dans la famille indo-germanique, au contraire, le développement en formes et en clarté
s'est manifesté plutôt en Orient qu'en Occident.

Dans toutes les langues tatares le régi précède
le régissant ; ainsi, le génitif a le pas sur son ré-
gime, l'objet a le pas sur son verbe ; il n'y peut
donc point avoir dès *pré*positions, il n'y a que des
*post*positions. Cela nous prouve déjà que ces langues-là ne sont pas d'anciennes langues à flexion
dégénérées, dont la flexion se serait peu à peu
effacée jusqu'à devenir une agglomération. Au contraire, quand une langue à flexion se met à émous-
ser les terminaisons de ses cas de déclinaison,
elle y remédie par des prépositions et par des
articles : latin fil*ii*, italien *de il,* c'est-à-dire del

figlio ; français *de le,* c'est-à-dire du fils ; gothique sun*aus* (du fils) se présente en anglais sous la forme prépositionnelle ou articulée de *of the son.* Jamais ces langues à flexion ne se servent, dans ce cas, de postpositions ; il faut les sous-entendre, comme par exemple au locatif lithuanien *poné* qui vient de *pona* avec un *i,* cet i n'a été jadis qu'une postposition, et s'est fondu dans le nom pour produire la terminaison d'un cas de déclinaison. Ainsi, la marche organique de la déclinaison est : d'abord le radical (monosyllabe), puis le radical suivi d'une postposition (agglutinant), puis le radical soumis à la flexion ; enfin, une préposition suivie du radical ; jamais la postposition ne peut revenir, elle appartient au commencement du développement ; les organismes avancés ne s'occupent jamais de nouveau d'un moyen antérieur dont ils ont usé. En outre, tout le reste de la souche tatare prouvera suffisamment que le principe qui a présidé à leur création, n'est que le principe d'agglutination.

Chez ces langues il existe une loi qu'on ne saurait, ce semble, rencontrer nulle part ailleurs : la loi de l'harmonie des voyelles. Les voyelles des *syllabes de relation* sont forcées de se mettre en harmonie avec les voyelles des *syllabes de signification.* C'est là une manière toute particulière d'assurer à la fois et l'unité du mot, et la prédominance de la *signification* sur la *relation* qui s'exprime souvent (comme dans la conjugaison turque) par une longue file de syllabes. Ces deux avantages seraient difficiles à obtenir dans les langues agglutinantes, sans l'observation de la loi des voyelles.

Voici comment les idiomes tatares ont résolu cette difficulté. Elles ont créé pour les radicaux des voyelles dures, molles et moyennes. Les dures sont *a, o, ou;* les molles sont *ai (e), eu, u,* et les moyennes sont *i* ou *e.* De là est provenue la loi d'harmonie suivante :

1° Avec des voyelles de radical *dures*, les voyelles de terminaison sont *dures* aussi ;

2° Avec des voyelles de radical *molles*, les voyelles de terminaison sont *molles* aussi ;

3° Les voyelles *moyennes* réclament presque toujours des voyelles de terminaison *molles ;*

4° Des voyelles *dures* et *moyennes* du radical réclament des voyelles de terminaison *dures ;*

5° Les voyelles *molles* et *moyennes* du radical réclament des voyelles de terminaison *molles.*

Les exemples abondent dans les divers idiomes agglutinants :

1° Turc : *aghâ,* maître ; pluriel : *aghâ-lar.*
6.

Magyare : *youh* mouton, *youh-asz-nak* au berger.

Magyare : *haz* maison, *haz-bol* de la maison.

2° Turc : *er* homme ; pluriel : *er-ler*.

Magyare : *kert* jardin, *kert-esz-nek* au jardinier.

Magyare : *kert* jardin, *kert-böl* du jardin.

3° Magyare : *sir* tombeau, *sir-nak* au tombeau.

Turc : *qiz* fille, *qiz-ler* filles.

Magyare : *indit-ok* je mets en mouvement.

Magyare : *szepit-ok* j'embellis.

4° Finnois : *papi* prêtre, *papi-lta* du prêtre.

Magyare : *mozdit-ok* je mets en mouvement.

5° Finnois : *terais* acier (la forme primitive est *teraikse*), *teraikse-ltai* de l'acier.

Schott, ce grand connaisseur des idiomes tatares, ne manquera pas d'écrire leur grammaire comparative ; il a éjà commencé en étudiant leurs lois phonétiques.

Toute la souche tatare (1) se divise en deux grandes masses essentiellement distinctes. L'une, la famille tatare proprement dite, ou la famille d'Altaï, orientale-asiatique, embrasse le tongouse (dont le mantchou est un dialecte), le mongol, le turc ; l'autre, la famille tatare d'Oural, occidentale-européenne, se compose des langues finnoises, appelées *tschoudes* chez les Slaves. En Europe e tongouse n'existe pas.

---

(1) Ne dites pas *tartare*, comme certains érudits se sont accoutumés à dire, parce qu'ils s'étaient laissés séduire par une analogie factice avec le mot gréco-latin *tartarus*.

Langues tatares proprement dites.

Mongol (1).

Le dialecte des Mongols occidentaux, qu'on peut aussi désigner sous le nom de Calmuques ou Oelöt (prononcez en français *Euleut*), existe en Europe parmi les hordes nombreuses qui habitent les plaines au nord et au sud de l'embouchure du fleuve le Wolga. Un autre territoire beaucoup moins étendu se trouve vers le nord, au sud-est de Simbirsk, là où la rivière de Samara s'unit au Wolga. Cette population est immigrée en Europe au dix-septième siècle; elle dérive des Euleuts asiatiques qui habitent près le Coconor et près l'Altaï (2).

L'idiome mongol, plus simple que celui des Turcs, se rapproche plus du mantchou. Le mongol a moins de verbes dérivés que le turc, et sa conjugaison n'a ni personnes ni nombre. L'écriture mongole, qui existe un peu changée aussi chez les

(1) Schmidt, *Grammat. d. Mongol. Sprache,* 1831, Pétersbourg. — Kowalewski, *Grammaire abrégée de la langue savante des Mongols,* 1835, Casan. — Le *Dictionnaire mongol-allemand-russe* par Schmidt, et le *Dictionnaire mongol-russe-français* par Kowalewski.

(2) Abel Rémusat, *Recherches sur les langues tartares,* p. 236.

Mantchous, s'écrit en colonnes verticales de haut
en bas ; ces colonnes se suivent de gauche à droite.
Elle possède des voyelles au nombre de sept, des
diphthongues qui en dérivent, et dix-sept consonnes. Les Mongols et les Mantchous ne décomposent
point leur écriture en simples signes phonétiques ;
ils joignent toujours une consonne à une voyelle ;
ils ont donc un syllabaire au lieu d'un alphabet.
Leur écriture se compose, à ce qu'il paraît, principalement de caractères sémitiques ; l'élément indien n'y est pas non plus étranger, et l'arrangement
perpendiculaire accuse une influence chinoise. Elle
a, du reste, plusieurs inconvénients : les voyelles
o, ou, eu, u, par exemple, ne sont pas suffisamment
séparées. Seuls, les Calmuques ont un alphabet
moins imparfait.

La famille turque (1).

Les Turcs, composés d'une foule de tribus dont
les différences linguistiques sont peu considérables,

(1) Redhouse, *Grammaire raisonnée de la langue ottomane*, Paris,
1846. — Mirza A. Kasem-beg, *Allgemeine Grammatik der türkisch tatarischen Sprache, aus d. Russischen von* Zenker ; 1848, Leipzig. — Me-
ninski, *Thesaurus linguarum orient. turcicæ, arabicæ, persicæ;* Viennæ,
1780-1802, tom. IV. — Plusieurs ouvrages modernes, par exemple,
Kieffer et Bianchi, *Dictionnaire turc-français*, 2 vol. ; Paris, 1835-1837.

occupent le coin oriental de l'Europe et le coin occidental de l'Asie. Comme nation régnante ils existent peu nombreux dans ce qu'on appelle la Turquie européenne ; il n'y a là, dit Schafarik, que sept cent mille Turcs parmi quinze millions d'habitants d'origine différente ; ils y sont domiciliés dans de petites colonies sur toute la surface du territoire. On les y connaît sous le nom d'Osmanlis ; leur idiome de conversation supérieure comme celui des lettrés fourmille d'éléments arabes et persans, tandis que l'idiome du bas peuple s'est conservé plus pur. Mordtmann, dans son écrit sur l'étude du turc dans la *Revue de la société allemande orientale*, t. III, 2ᵉ et 3ᵉ cahier, p. 351, 1849, dit : « Le campagnard turc ne comprend pas « plus cet idiome turc mêlé d'arabe et de persan que « la langue chinoise ; il s'appelle *turc*, c'est-à-dire « paysan, et l'homme de Constantinople s'appelle « *osmanli*. » Moins altérés sont les dialectes des tribus turques connues sous le nom de Tatares, qui vivent comme sujets de la Russie. Chez ceux-ci, on rencontre au sud d'abord les populations tatares du Caucase, et dans ses environs, la petite tribu des Caraïtchaïs, qui sont les voisins occidentaux des Ossètes sur les deux côtés du mont d'Elbrouz ; les Nogaïs, nombreux dans des habitations isolées en Bessarabie, aux bouches du Danube jusqu'à celles du Dniéster, en Crimée, et à la rive occidentale de la mer d'Azof dans une bande étroite jusqu'à Taganrog, puis en masses plus volumineuses au nord du Caucase et dans ces montagnes même, enfin à l'ouest des Euleutes, au nord du fleuve le Wolga. Il existe beaucoup de ressemblance entre eux et les Coumuques, qui habitent la rive au sud de l'embouchure du Térek dans la mer Caspienne. Au nord du Wolga, commence le gros de la population turque; d'abord les Kirghises, au nord et à l'ouest de la mer Caspienne, et tout le long du fleuve d'Oural; puis, là où le Cama se précipite dans le Wolga, les Tatares de Casan, qui dans des colonies nombreuses se sont glissés parmi la population russe, au sud et à l'ouest du Wolga; mais les Russes s'y font place et les Tatares diminuent. Au nord on trouve les Bachkires dans les vallées de la longue chaîne de l'Oural; dans les gouvernements d'Orenbourg, de Saratov et de Perme, ils existent souvent ensemble avec des Mechtcheryaques. Enfin, on y trouve les Tchouvaches, assez nombreux dans les gouvernements de Viatka, Casan, Orenbourg, Simbirsk et Saratov. On dit que les Tchouvaches, les Mechtcheryaques et les Bachkires étaient au commencement des Finnois, et qu'ils n'ont adopté que plus tard la langue tatare turque. Schott (dans son écrit latin sur *la langue des Tchouvaches*, 1841, Berlin) montre les différences singulières entre leur idiome et celui des autres Turcs, mais l'idiome tchouvache n'en reste pas moins un dialecte turc dégénéré ; il ne faut donc pas dire que le tchouvache soit un mélange du tatare et du finnois.

Je vais transcrire ici ce que Beresin a écrit sur tous les dialectes de cette famille (1) et je mettrai en italique les idiomes européens. D'après Beresin la famille turque se divise en trois lignes : 1° Tchagataï ; 2° Tatare ; 3° Turque. Les dialectes de la première, qui est vers l'orient, sont : 1° Ouïgoure ; 2° Coman ; 3° Tchagataï ; 4° Ousbèque ; 5° Turcoman ; 6° *Casanique* (langue lettrée). Les dialectes de la deuxième ligne au nord sont : 1° *Kirghise* ; 2° *Bachkire* ; 3° *Nogaï* ; 4° *Coumique* ; 5° *Caratchaï* ; 6° Caracalpaque ; 7° *Mechtcheryaque* ; 8° Sibérien. Les dialectes de la troisième vers l'ouest sont : 1° Derbendique ; 2° Aderbidjan ; 3° *Criméique* ; 4° Anatolique (Asie-Mineure) ; et 5° *Roumélique* (Constantinople).

Les Osmanlis, qui ont élevé leur langue tatare à

---

(1) *Voyez* la préface de la *Grammaire turque* de Kasem–beg, édition de Zenker.

la hauteur d'une langue lettrée, se servent de l'alphabet arabe ; ils se distinguent par là des Mantchous et des Mongols qui possèdent un alphabet particulier. L'écriture arabe, du reste, va très-mal à l'idiome osmanli et rend difficile la prononciation. Les Tatares font jouer à leurs voyelles un rôle important, tandis que les Arabes ne savent pas distinguer par l'écriture les voyelles *a* et *e*, *o* et *ou*, *eu* et *u*.

La grammaire turque possède dans son verbe des formes riches et très-intéressantes. Nous les expliquerons quand nous parlerons du verbe magyare ; ici nous allons démontrer l'immense abondance de formations, telles qu'on les trouve dans les langues agglutinantes, tandis que les langues à flexion opposent l'unité du mot à cette agglomération de syllabes. La noble langue suomi elle-même n'est pas encore parvenue à bien distinguer entre le nom et le verbe (1).

Le verbe turc est avant tout capable de produire une foule de formations qui donnent à la *signification* une *relation* transitive, passive, etc.

Ces relations sont exprimées à l'aide de certaines

___

(1) Tout ce qui a été dit ici du verbe tatare, doit être répété à l'occasion du verbe des langues malayes, qui sont de la même classe agglutinante (*Guillaume de Humboldt*).

syllabes interposées entre le radical et la terminaison du temps ou des personnes. Or, ces syllabes pouvant être employées plusieurs à la fois, il en naît des combinaisons très-nombreuses. Prenons ici le radical *sev*, en français *aimer* ; il porte une voyelle molle, *e*, elle exige donc dans ses syllabes de relation également des voyelles molles ; chez un verbe portant une voyelle dure, il y faudra substituer des voyelles dures. Dans l'exemple que nous donnons ici, nous mettons la terminaison molle de l'infinitif, qui est *mek* ; elle est *maq* chez les verbes durs.

Les syllabes qui, soit isolées, soit combinées, forment les variations si nombreuses du verbe turc, sont :

1° *Me, ma,* c'est la négation du verbe ;

2° *A, e,* placées devant cette négation, forment l'impossibilité ;

3° *Dir, dyr* ou *dur* forment le transitif ;

4° *Il,* forme le passif ;

5° *In, en* forment le réflexif ;

6° *Isch, ousch* forment le réciproque.

Voici comment s'exprime la grammaire turque de Kasem-beg :

Sev - mek, aimer.

a. Négatif : *sev-me-mek* ne pas aimer (*baq-ma-maq*).
Impossible : *sev-e-me-mek* ne pas pouvoir aimer.

b. Transitif : *sev-dir-mek* forcer à aimer.

Transit négat. : *sev-dir-me-mek* ne pas forcer à aimer.

Transit. imposs. : *sev-dir-e-me-mek* ne pas pouvoir forcer à aimer.

Transit. réciproque : *sev-dir-isch-mek* réciproquement se forcer à aimer.

Transit. récip. négat. : *sev-dir-isch-me-mek* ne pas se forcer réciproquement à aimer.

Transit. récip. imposs. : *sev-dir-isch-e-me-mek* ne pas pouvoir se forcer à s'aimer réciproquement.

Transit. réflexif : *sev-dr-in-mek* forcer à se réjouir.

Transit. réflex. négat. : *sev-dr-in-me-mek* ne pas forcer à se réjouir.

Transit. réflex. imposs. : *sev-dr-in-e-me-mek* ne pas pouvoir forcer à se réjouir.

Transit. réflex. récip. *sev-dr-in-isch-mek* (inusité) se forcer réciproquement à se réjouir avec son impossible et avec sa négation.

Transit. passif : *sev-dr-il-mek* forcer à être aimé.

Transit. passif négatif : *sev-dr-il-me-mek* forcer à n'être pas aimé.

Transit. passif imposs. : *sev-dr-il-e-me-mek* ne pas pouvoir forcer à être aimé.

Transit. passif récipr. : *sev-dr-il-isch-mek* (inusité).

c. Passif : *sev-il-mek* être aimé.

Passif négatif : *sev-il-me-mek* ne pas être aimé.

Passif imposs. : *sev-il-e-me-mek* ne pas pouvoir être aimé.

Passif transitif : *sev-il-dir-mek* (peu usité) être forcé à être aimé.

Passif transit. négat. : *sev-il-dir-me-mek* ne pas être forcé à être aimé.

Passif transit. imposs. : *sev-il-dir-e-me-mek* ne pas pouvoir être forcé à être aimé.

Passif récipr. : *sev-il-isch-mek* être réciproquement aimé (peu usité).

Passif récipr. négatif : *sev-il-isch-me-mek* ne pas être aimé réciproquement (peu usité).

Passif récipr. imposs. : *sev-il-isch-e-me-mek* ne pas pouvoir être aimé réciproquement (peu usité).

Passif réflex. : *sev-il-in-mek* être réjoui (peu usité, excepté dans les dialectes tatares).

Passif réflex. négat. : *sev-il-in-me-mek* ne pas être réjoui (peu usité, excepté dans les dialectes tatares).

Passif réflex. imposs. : *sev-il-in-e-me-mek* ne pas pouvoir être réjoui (peu usité, excepté dans les dialectes tatares).

Passif réflex. récipr. : *sev-il-in-isch-mek* (non usité).

d. Réflexif. : *sev-in-mek* se réjouir.

Réflex. négatif : *sev-in-me-mek* ne pas se réjouir.

Réflex. imposs. : *sev-in-e-me-mek* ne pas pouvoir se réjouir.

Réflex. transit. : *sev-in-dir-mek* forcer à se réjouir.

Réflex. transit. négat. : *sev-in-dir-me-mek* ne pas forcer à se réjouir.

Réflex. transit. imposs. : *sev-in-dir-e-me-mek* ne pas pouvoir forcer à se réjouir.

Réflex. passif : *sev-in-il-mek* être réjoui.

Réflex. pass. négat. : *sev-in-il-me-mek* ne pas être réjoui.

Réflex. pass. imposs. *sev-in-il-e-me-mek* ne pas pouvoir être réjoui.

Réflex. pass. trans. : *sev-in-il-dir-mek* (inusité).

Réflex. récipr. : *sev-in-isch-mek* se réjouir réciproquement l'un de l'autre.

Réflex. récipr. négat. : *sev-in-isch-me-mek* ne pas se réjouir réciproquement l'un de l'autre.

Réflex. récipr. imposs. : *sev-in-isch-e-me-mek* ne pas pouvoir se réjouir réciproquement l'un de l'autre.

e. Réciproque : *sev-isch-mek* s'aimer réciproquement.

Récipr. négat. : *sev-isch-me-mek* ne pas s'aimer réciproquement.

Récipr. impos s. : *sevisch-e-me-mek* ne pas pouvoir s'aimer réciproquement.

Récipr. transit. : *sev-isch-dir-mek* forcer à s'aimer réciproquement.

Récipr. transit. négat. : *sev-isch-dir-me-mek* ne pas forcer à s'aimer réciproquement.

Récipr. transit. imposs. : *sev-isch-dir-e-me-mek* ne pas pouvoir forcer à s'aimer réciproquement.

Récipr. passif : *sev-isch-il-mek* (inusité).

Récipr. réflex. : *sev-isch-in-mek* (inusité).

Chacune de ces formes enfante une foule de formes, de temps et de modes, qui chacun ont leur désignation caractéristique à laquelle s'attachent les terminaisons personnelles, c'est-à-dire les pronoms suffixes et même les pronoms absolus. Souvent aussi on s'y sert d'un verbe auxiliaire, qui dispose à son tour de ces terminaisons-là. Ce système de conjugaison si compliqué est donc le même pour tous les verbes turcs.

Ainsi, le présent se forme comme suit :

SINGULIER.

1º *Sev-er-i-m* j'aime, j'ai l'habitude d'aimer [*er* donne le participe du présent *aimant, im* donne la première personne du singulier du verbe auxiliaire *i-mek*, c'est-à-dire *i* avec *m*, qui est le suffixe de la première personne en singulier].

2º *Sev-er-sen* tu aimes [*sen* est le pronom de la deuxième personne *toi ;* il équivaut à la deuxième personne en singulier du verbe auxiliaire *tu es ;* c'est là une fonction qu'ont à remplir les pronoms aussi dans plusieurs autres langues, par exemple dans les langues sémitiques].

3º *Sev-er* il aime (sans terminaison personnelle *aimant*).

PLURIEL.

1° *Sev - er - i - z* nous aimons (comme *m* la première du singulier, *z* est le suffixe de la première du pluriel).

2° *Sev - er - siz* vous aimez (comme la deuxième du singulier ; *siz* ou *siz - ler* c'est *vous*).

3° *Sev - er - ler* ils aiment (*ler* exprime le pluriel des noms, donc *aimants*).

On ne rencontre point par conséquent dans ces formes du verbe turc de différence organique entre le nom et le verbe ; les langues purement agglutinantes ne connaissent pas cette différence. Voyez plus bas le verbe de l'idiome magyare.

Langues finnoises.

Les langues que nous embrassons sous la dénomination universelle de langues finnoises, et qui, d'après ce que nous en savons aujourd'hui, ne forment qu'une seule famille dont la tête est le noble idiome des Finnois ou Finnlandais, s'appellent aussi des langues tchoudiennes, ougriennes, ouraliennes. Le peuple slavo-russe appelle *Tchoudes* les représentants de cette famille qui sont des sujets russes ; les noms d'Ouraliens et d'Ougriens dérivent des Finnois habitant près les montagnes de l'Oural.

On sait peu de la langue des Samoyèdes (1) ;

(1) Dans plusieurs ouvrages, le lecteur en trouvera des collections lexi-

Schott la considère comme appartenant à la famille finnoise.

Les autres idiomes finnois sont : celui des Ostiaques, qui demeurent pour la plupart sur l'autre versant de l'Oural, et qui, dit-on, ont une langue semblable à celle des Vogoules ou Ougriens (selon Pallas, Erman, etc.); ceux-ci habitent l'Oural et ses environs à l'ouest de la Cama inférieure. Schott, dans son excellent livre sur *la langue d'Altaï ou finno-tatare* (Berlin, 1849, p. 2 et p. 23), assure, comme d'autres observateurs l'ont déjà fait, que ce sont les anciens frères des Hongrois (Magyars) restés dans leur patrie primitive.

Puis, leurs voisins à l'ouest et au sud-ouest, les Syriènes, les Permiens, les Vottiaques, ne parlent que trois dialectes d'un même idiome (1).

Le plus connu de ces idiomes est celui des Syriènes, peuplade assez étendue entre les fleuves Dwina et Mézen, autour de la Vytchegda et à l'est.

cographiques; Vater en a donné un morceau avec des notes grammaticales dans le *Königsberger Archiv*; 1812 p. 208 à 212.

(1) *Voyez* Von der Gabelentz, *Grundzüge der syriènischen Grammatik*, Altenbourg, 1841. — Castrén, *Elementa grammatices syriènæ*. — Du même, *De nominum declinatione in lingua syrièna*; 1844, Helsingfors. — Wiedemann, *Versuch einer Grammatik de syriènischen Sprache*; 1847, Reval. — Von der Gabelentz, *Die wotiakische Declination*, dans Höfer's *Zeitschrift für die Wissenschaft der Sprache*; 1846, Berlin. T. I, p. 112.

Les Permiens demeurent surtout dans le gouvernement de ce nom autour de la Cama; au nord y touchent les Syriènes, à l'est les Bachkires et d'autres peuplades turques; les Permiens et les Votiaques vivent dans le gouvernement de Viatka autour des fleuves Viatka et Cama; il y a parmi eux des Slavo-Russes et probablement aussi des Tatares.

L'idiome syriène possède l'harmonie des voyelles dans un moindre degré que l'idiome suomi. Le syriène, comme encore d'autres langues orientales de la même famille, a souvent des formes plus anciennes que la langue finnoise proprement dite; il a, par exemple, la consonne *t* là où elle est remplacée par un *s* dans la langue occidentale de la famille. Il dispose de beaucoup de mots russes; sa littérature n'existe que dans les traductions de la *Bible*, et cela avec application de l'alphabet russe qui est peu accommodable dans ce cas. Les travaux de grammaire y ont substitué l'alphabet latin.

Les Tchérémisses sont presque tout à fait séparés du domaine finnois; les Mordvines au midi ne se trouvent que sporadiquement distribués parmi les Tatares et les Russes avec lesquels ils habitent ensemble (1). Ces deux tribus, les Tchérémisses et les

(1) *Voyez* Wiedemann, *Versuch einer Grammat. der tscheremiss. Spra-*

Mordvines, existent surtout aux environs du fleuve de Volga, qui, dit-on, divise le domaine tchérémisse en deux domaines dont les dialectes sont un peu différents; ils demeurent là où le Volga, après avoir reçu la Cama, va tourner de l'est au sud, et au sud de la Cama. Les Mordvines demeurent plus vers le sud dans les gouvernements de Saratow et de Pensa. On considère ces deux tribus comme la branche bulgarique de la famille finnoise. L'harmonie des voyelles manque à un dialecte du tchérémisse; elle existe dans le mordvine, idiome qu'on ne connaît que par la traduction des *Quatre Evangiles* imprimés avec des lettres russes; mais cette harmonie ne se montre pas régulièrement dans cette traduction, parce que, dit Von der Gabelentz, le traducteur n'y a pas fait attention. La structure grammaticale du mordvine est assez curieuse; ses verbes se rapprochent de la composition polysynthétique ou incorporative, chose que nous verrons aussi dans le magyare, quoique d'une manière moins déterminée.

Un autre groupe finnois, séparé des Samoyèdes

che; 1847, Reval. — Castrén, *Elementa Grammatices tscheremissæ;* 1845. — Von der Gabelentz, *Vergleichung d. beiden tscheremiss. Dialecte für d.* K. *d, Morgenl;* IV, 122-129.

par la mer Blanche, se compose des langues suivantes :

Le laponais (1) des rives de la mer Blanche et des Finnmarques (rive septentrionale de la Scandinavie), s'étendant vers le 60° degré lat. septentr., à travers la partie septentrionale de la presqu'île scandinave, et se renfermant dans des limites de plus en plus étroites, entre la mer Baltique et l'Océan du Nord ;

Le finnois (2) proprement dit, ou le *suomi*, dans la province russe appelée la Finnlande ; son dialecte méridional est le tavaste, son dialecte oriental est le carèle ;

Enfin, l'estnien (3) dans l'Estnie, dans la partie septentrionale de la Livelande, et dans les îles, dont Œsel et Dagö (*prononcez* Eusel *et* Dagueu) sont

(1) Rask, *Ræsonneret lappisk sproglære;* 1832, Copenhague. — Possart, *Kleine lappländ. Grammat. mit Vergleichung der finnischen Mundarten;* 1840, Stuttgart. — Lindáhl et OErling, *Lexicon lapponicum cum interpretat. Sueco-Latin. et ind. Sueco-Lapp. nec non auctum grammatica lappon.* 1780, Holm.

(2) Strahlmann, *Finnische Sprachlehre;* 1816, Saint-Pétersbourg. — Kellgrenn, *Grundlage der finn. Sprache;* 1847, Berlin. — Renvall, *Lexicon linguæ finnicæ;* 2 vol, 1826, Abo.

(3) *Esthlande* n'est pas juste, il faut écrire *Estlande* ou *Ehst-lande,* de *Eestl-ma.* — *Voyez* Hupel, *Estn. Sprachlehre für die beiden Hauptdialecte nebst Woerterbuch;* Mitau. — Faehlmann, *Versuch die Verba in Conjugationen zu ordnen;* 1842, Dorpat.

7.

les plus grandes. La langue estnienne ou esthnique possède deux dialectes principaux : celui de la ville de Réval et celui de la ville de Dorpate. Le dialecte révalique occupe le territoire septentrional et occidental, c'est-à-dire la principauté d'Estnie, la province d'Œsel, le cercle de Pernau et la partie voisine du cercle de Dorpate ; le dialecte dorpatique se parle dans la partie sud-est. En outre, on cite le dialecte livien au sud-ouest, et le dialecte crévingien dans un petit endroit au sud-est de la ville de Riga, entouré des Lettes, la langue desquels a presque tout à fait prévalu.

Ces trois langues, finnoise-suomi, estnique, laponaise, sont parfaitement liées entre elles ; elles se servent des alphabets allemand et latin, la langue estnique ne connaît que les lettres allemandes, tandis que la langue magyare emploie exclusivement l'alphabet latin.

La nation des Magyares, aux bords du Danube, est tout à fait séparée des autres tribus de la race tatare, à laquelle ils appartiennent. Ils se trouvent, en Hongrie, implantés entre les Slaves et les Valaques ; ils y forment une masse dans laquelle se sont infiltrés, pour ainsi dire, des Allemands et même un certain nombre de Juifs, de Tzigaïnes (appelés *Bohémiens* dans l'ancien français) et d'Ar-

méniens. L'idiome magyare, qui appartient assurément à la famille finnoise de la grande race tatare, n'a pu se conserver entièrement intact de tout
mot étranger (slave, allemand, roumain), mais on
a eu la niaiserie d'exagérer outre mesure la quantité de ce mélange. Ce qui est prouvé, c'est que
l'idiome magyare, grammaticalement parlant, occupe un des plus hauts degrés de la souche tatare (1).
Il a beaucoup moins de mots empruntés à d'autres
langues que l'anglais, le turc-osmanli, etc. Des
Magyars m'ont dit que la nation se souvient encore
à l'heure qu'il est, d'être immigrée des régions
orientales; ils ont tort seulement de se refuser à
l'évidence et de nier toute parenté nationale avec
les Vogoules, les Ostiaques et autres. La masse
orientale des Magyars, en Transylvanie, porte le
vieux nom de Szeklers; plus considérable est la
masse occidentale. C'est dans la partie occidentale

(1) C'est une langue claire, expressive et facile à apprendre. De ses
grammaires si nombreuses je ne cite ici que : Farkas, *Ungar. Grammat.
für Deutsche*, 9. *Ausgabe;* 1816, Wien. — Toepler, *Theoret. pract.
Gramm. d. magy. Spr.;* 1842, Pesth. — Remèle, *Lehrbuch d. ungar.
Sprache;* 1841, Wien. — Bloch, *Ausführe. theor. pract. Gramm. d.
magy. Spr.;* 1842, Pesth. — Dankovszky, *Magyaricæ linguæ lexicon;*
1833-1836, Pesth. — Les *Dictionn. de poche des langues allemande et
magyare* par Richter, 1836, Wien; Fogarasi, 1838, Wien; Bloch, 1844,
Pesth.

de la Hongrie qu'existe une population magyare toute pure, dans les contrées habitées par les tribus coumanes, yazygues et haïdouques.

Nous venons ainsi de parcourir tout le domaine européen de la langue tatare.

Parmi les trois langues du nord de l'Europe, laponaise, finnoise-suomi et estnique, la langue finnoise-suomi est sans contredit la plus élevée par la richesse de ses formes grammaticales. Elle seule a poussé jusqu'à la perfection cette harmonie de voyelles, qui est caractéristique pour la souche tatare.

Nous allons donc ici étudier de plus près le suomi et le magyare, et quand nous y comparerons ce qui a été dit du turc, on aura une image assez fidèle de la classe agglutinante dans son plus haut développement possible.

Le finnois possède, comme le turc, beaucoup de variétés de conjugaison ; nous insisterons toutefois ici spécialement sur son système très-compliqué de déclinaison. Une esquisse de la structure de l'idiome magyare complétera ce chapitre. Nous empruntons la plupart de ce que nous dirons à l'ouvrage important de Kellgren.

Le finnois aime les mots doux et harmonieux ; il évite par conséquent les radicaux monosyllabes, et attache au radical presque toujours une voyelle finale qui ne porte pas d'accent ; cela donne aux mots de cette langue la mesure du trochée. Comme dans chaque langue agglutinante, le radical reste immuable aussi dans la langue suomi.

Kellgren, en opposition avec Schott, regarde le suomi, le magyare, le turc-osmanli, et même en partie le mongol, comme des langues à flexion ; c'est une erreur. Ce savant veut voir une flexion dans la fusion du radical avec les suffixes attachés, au lieu de considérer cette opération *mécanique* comme une aspiration primitive vers la flexion, qui est une manipulation vraiment *chimique*, puisqu'elle transforme l'essence du radical. Cette fusion, dont parle Kellgren, n'est qu'un résultat des lois phonétiques, de l'assimilation, etc. ; mais elle ne provient point d'un penchant vers la flexion, qui, seule, est capable, en changeant intérieurement le radical, de produire la véritable unité de la *signification* avec la *relation*. Ajoutons, du reste, que la dénomination d'idiome agglutinant ne contient point ici un blâme ; nous sommes profondément convaincu que le suomi, cette langue agglutinante si hautement développée et si remplie de vigueur, mérite sans contredit un rang plus élevé que la plupart des langues européennes à flexion, qui sont singulièrement fanées et desséchées. La loi de l'harmonie des voyelles suppose précisément un organisme qui se refuse à la flexion; cette loi est basée sur l'immuabilité de la voyelle du radical et veut protéger le radical contre des suffixes lourds et nombreux, qui pourraient porter atteinte à la clarté sonore du radical. Ici, c'est le radical qui exerce une influence sur les voyelles des suffixes, tandis que dans les langues à flexion, les suffixes influent sur les voyelles du radical.

La consonne finale du radical dans le suomi peut changer, ce qui s'approche de la formation à flexion; de même on pourra changer l'appendice rhythmique qui n'appartient pas au radical. Ce ne sont pas seulement des radicaux indigènes, par exemple : finnois *kala*, magyare *hal*, poisson (1); *käsi* finnois, *kéz* magyare, main ; *elä* finnois, *él* magyare, vivre ; — mais ce sont aussi des mots monosyllabiques étrangers qui s'adjoignent une voyelle finale que je voudrais appeler *volatile*, par exemple : les mots allemands *rath* conseil, et *hut* chapeau, ne sont admis dans la langue suomi que sous les formes *raati* et *hattu*. Kellgren considère comme primitives les formes finnoises, et les formes magya

____

(1) Le *k* suomi remplace quelquefois le *h* magyare.

res comme des formes finnoises contractées, mais
je ne sais pas pourquoi. Il me semble plutôt que
chaque langue spéciale a l'habitude d'élaborer le
fond acousto-phonétique commun à toute la race,
d'après des lois acousto-phonétiques spéciales. La
langue des Magyars montre beaucoup plus de consonnes que celle des Finnois, on peut donc s'expliquer comment le finnois élargit, par exemple,
un radical commun pour en faire *nuoli*, flèche, et
comment le magyare le rétrécit en *nyil* (1). La
voyelle rhythmique favorise assurément le développement des consonnes finales dans le radical : *pelke*
finnois, *fél* magyare, redouter ; *oksa* finnois, magyare *ág*, branche ; *kylmä* finnois, magyare *hü*,
froid. D'ailleurs, on sait aujourd'hui que de pareils
renforts, à l'aide de consonnes intercalées dans un
radical, ne sont point toujours des faits primitifs,

(1) Kellgren cherche à expliquer pourquoi, en magyare, il existe des
radicaux à voyelles molles et moyennes vis-à-vis des radicaux finnois à
voyelle dure ; il croit que cela vient des radicaux finnois à *deux syllabes*
ayant la voyelle dure dans le radical et la voyelle molle dans la terminaison. Cette explication est erronée, puisqu'une voyelle magyare molle dans
le radical se trouve en face d'une voyelle finnoise dure, même là où la
langue magyare fait suivre une voyelle finale dure. Ainsi, finnois *kuwa*,
magyare *kép*, image ; finnois *sauwu*, magyare *süst*, fumée. Ajoutez-y les
exemples cités par Kellgren lui-même : finnois *harva*, magyare *'gyèr*,
mince ; finnois *wanha*, magyare *vèn*, vieux ; finnois *karva*, magyare *ször*,
cheveu.

et que dans les langues indo-germaniques, et plus encore dans les langues sémitiques, ils sont un signe caractéristique des radicaux secondaires.

Il est difficile, dans les langues tatares, de séparer les postpositions des formes de déclinaison. Les unes et les autres sont au fond identiques, cela résulte du principe de l'agglutination même. On peut les regarder toutes comme des terminaisons de déclinaison, ou toutes comme des postpositions ; le suffixe se prête en effet à chacune de ces deux manières de voir. Quand on considère comme postpositions les suffixes magyares fortement exprimés, et les suffixes finnois, qui sont plus doux, comme des terminaisons de déclinaison, alors on n'a pas commis d'erreur ; mais on n'en commettrait pas non plus si l'on raisonnait à l'inverse.

Le nom en finnois possède quinze de ces terminaisons. Le nominatif n'a pas de suffixe, mais on reconnaît ce cas de déclinaison aux changements que, d'après les lois phonétiques du finnois, doit subir la terminaison du radical pur comme terminaison du mot.

Parmi les autres cas de déclinaison, il y a sept *simples* et sept *composés* de ces simples. Les suffixes pour les cas *simples* sont :

Génitif, -*n;* — indéfinitif ou partitif, -*ta* ou *a;*

— caritif, *-tta* ou *-t-a'* (*t-ah*, *t-ak* existent dans des dialectes); — essif, *-na;* — illatif, *-h-n* (*-s-n*); — comitatif, *-ne;* — instrumental ou adverbial, *-n.* (*Voyez plus bas* le paradigme.)

Quant aux terminaisons *composées*, les voici :

Les suffixes exprimant le mouvement et le repos, en langue grammaticale le partitif, l'illatif et l'essif, forment avec *s* et *l,* qu'on place à la tête, cinq autres cas; les deux autres cas sont produits à l'aide d'une fusion avec les suffixes partitif et illatif. La lettre *s* (qui, soit dit en passant, vient probablement ici du radical *sisa,* c'est-à-dire l'intérieur), désigne le mouvement et l'être *dans* l'intérieur et *par* l'intérieur. La lettre *l* désigne le mouvement et l'être *dans* l'extérieur et *par* l'extérieur; cette lettre suffixe *l* paraît venir de *linki* ou *luo,* c'est-à-dire le voisinage (1).

Les sept cas composés ont, d'après les lois phonétiques et assimilatives finnoises, les suffixes suivants :

L'inessif *-ssa,* composé de *-s* avec le *-na* de l'essif;

<hr>

(1) *Luo,* prononcez en français *louo.* La lettre *u* de l'alphabet allemand, dont on se sert pour écrire le suomi, répond au français *ou;* la lettre *ö* répond au français *eu.* (*Le traducteur*)

L'élatif *-sta,* composé de *-s* avec le partitif ou l'indéfinitif *-ta ;*

L'adessif *-lla,* composé de *-l* avec l'essif *-na ;*

L'ablatif *-lta,* composé de *-l* avec le partitif *-ta ;*

L'allatif *-llé,* ou *-llen,* composé de *-l* avec l'illatif *-he* ou *hen ;*

Le prosécutif *-tse,* composé du partitif *-ta* et de l'illatif *-he, -se ;*

Le mutatif *-ksi,* composé du partitif *-ta* et de l'illatif *-se, -he.*

Prenons pour exemple la déclinaison du radical *karhu* (prononcez *karhou*), l'ours.

1. Nominatif : *karhu,* l'ours.
2. Génitif : *karhu-n,* de l'ours.
3. Essif : *karhu-na,* en ours, comme un ours.
4. Partitif : *karhu-a,* par exemple, *minä lyön karhu-a,* je frappe l'ours, littéralement *une partie de l'ours,* non l'ours *tout entier ;* de même ce partitif se trouve dans : je mange *du* pain, *syön leipä-ä.*
5. Caritif : *karhu-tta',* sans l'ours.
6. Illatif : *karhu-un,* dans l'ours (mouvement du dehors au dedans).
7. Comitatif : *karhu-ne-nsa,* avec son ours (on ajoute ici presque toujours le pronom suffixe).
8. Adverbial : *karhu-i-n* (*-i-* annonce le pluriel), de la manière des ours.
9. Inessif : *karhu-ssa,* dans l'ours (dans l'intérieur de l'ours).
10. Elatif : *karhu-sta,* de l'ours (mouvement procédant de l'ours et allant au dehors).

11. Adessif : *karhu-lla*, avec l'ours, chez l'ours (remplace l'instrumental et le datif).

12. Ablatif : *karhu-lta*, de l'ours (éloignement).

13. Allatif : *karhu-llen*, vers l'ours.

14. Prosécutif : *karhu-tse*, tout le long de l'ours, à côté de l'ours, près de l'ours.

15. Mutatif : *karhu-ksi*, en un ours (par exemple, transformé).

Comme dans toutes les langues finnoises, il n'y a dans le suomi qu'une seule déclinaison ; elle est cependant modifiée par les lois phonético-acoustiques.

L'accusatif, le cas objectif par excellence, n'existe pas dans le finnois. On le remplace par le partitif ; et quand l'objet entier est imaginé comme dépendant du verbe, on se sert du génitif : je frappe le chien se traduit par le génitif : je frappe *du* chien (minä lyön *koira-n*) en y ajoutant, comme mots déterminatifs, le mutatif *kuolche-ksi*, c'est-à-dire *en* un mort. Après un impératif on met l'objet en nominatif. De cette manière les Finnlandais savent exprimer l'accusatif, en divisant et subdivisant avec beaucoup de sagacité les notions et les relations. En pluriel on ne se sert jamais du génitif comme cas objectif ; on le remplace par le nominatif. Le partitif en pluriel est employé comme on emploie le partitif en singulier, pour exprimer un accusatif : il voyait des maisons se traduit par *näki talo-j-a;* aussi s'emploie-t-il en sujet : *vet-tä,* de l'eau coule. Voilà une ressemblance avec l'article partitif des Français.

Les terminaisons de déclinaison dans les idiomes tatares en général sont les mêmes au puriel et au singulier; le pluriel n'y est marqué que par un signe particulier, en finnois *-i-.* Le nominatif ajoute seulement *-t* au radical pur, *karhu-t,* les ours. Le génitif a une forme double, soit avec le signe du pluriel *-i-* et avec le suffixe du génitif *-n, karhu-i-n,* des ours, *laps-i-n,* des enfants (*lapse,* enfants), soit avec le suffixe *-n* dans le partitif du pluriel, *laps-i-en* du partitif pluriel *laps-i-a* avec *-n* (le *-a* devant *-n* se transforme en *-e*). La première de ces deux formes a une signification *collective :* par exemple, les larmes sont une habitude des enfants, c'est-à-dire de tous les enfants en général ou pris ensemble, *itku* (larmes) *on* (est) *lapse-i-n* (des enfants) *tapa* (habitude). La seconde de ces deux formes a une signification partitive : par exemple, les larmes sont une habitude de ces enfants-là, *itku on noiden* (de ces) *laps-i-en tapa.* — L'essif du pluriel *karhu-i-na,* le partitif *karhu-j-a,* le caritif *karhu-i-la,* l'illatif *karhu-i-n,* l'élatif *karhu-i-sta,* l'allatif *karhu-i-len,* et ainsi de suite.

Essayons maintenant de faire un tableau abrégé de toute la grammaire magyare.

Le système phonétique des Magyars se compose des éléments suivants :

VOYELLES :

1° *Brèves* : *a* (avec un son sombre entre *o* et *a*, semblable à la lettre *a* des Allemands autrichiens) ; — puis, *o, u* (1), *i, e*, (à peu près comme *ä* en allemand ou comme *ai* en français) ; — puis *ö* et *ü* (en français *eu* et *u*).

2° *Longues* : toutes portent l'accent, *á, ó, ú*; *é* se prononce très-doucement vers *i* ; puis *ö* et *ü*.

CONSONNES :

K, g, h.

Ty, gy (prononcé *ti* et *di*, sans appuyer sur *i*).

J, ny (prononcé *gn* dans le mot *cicogne*).

Cs ou *ts* (prononcé *tch* ou *tsch*) ; *ds* ou *d's*, ou *dzs* (prononcé comme l'italien *gi* ou le français *dj*).

S (prononcé *sch*) ; *zs* (comme le *j* français dans le mot *jour*).

Cz (prononcé *ts*) ; *dz* (comme *dz* en slave).

T, d, sz (*s* aigu) ; *z* (comme en français) ; *n*.

P, b, f, v (comme en français) ; *m*.

L, ly (comme dans le mot français *famille*) ; *r*.

L'accent principal en magyare et en finnois se place sur la syllabe première du mot, c'est en effet toujours la syllabe du radical chez les Tatares ; les seules exceptions sont là où le magyare,

(1) Comme *ou* en français.

cédant à des influences étrangères, ajoute une pré-position à la tête du verbe. Cet accent s'affaiblit toutefois quand des syllabes dites *longues* vont suivre, qu'il faut bien distinguer en magyare des syllabes dites *courtes*. Le magyare dispose donc d'une prosodie entièrement indépendante de l'accent, ce qui était un signe si caractéristique pour le grec et le latin de l'antiquité; le magyare est par conséquent parmi toutes les langues civilisées vivantes la seule qui soit réellement capable de reproduire la versification métrique des anciens.

Les lois de l'harmonie des voyelles sont celles que nous avons définies plus haut : les voyelles molles sont *e*, *ö*, *ö'*, *ü*, *ü'* ; les voyelles moyennes sont *é*, *i*, *i'* ; les voyelles dures, enfin, sont *a*, *o*, *u*, tant brèves que longues.

Une syllabe en magyare, comme en finnois, en turc, en mongol, ne peut jamais commencer par deux consonnes, et les mots étrangers adoptés par le magyare sont généralement changés dans ce sens : *Férencz* (prononcez *Férents*) est le nom de baptême allemand Franz (prononcez *Frantz*), en français François ; *sinòr* est le mot allemand *schnur* (prononcez *schnour*) ou la corde, la ficelle ; *istállo* du mot allemand *stall*, l'écurie ; *király* du mot tchèque *král,* le roi. Les magyars disent cepen·

dant *grof* du mot allemand *graf*, le comte; *Svékus*, le Suédois; *Spanyol*, l'Espagnol.

A l'égard des terminaisons phonétiques, la langue magyare est beaucoup plus libre que sa sœur, la langue finnlandaise; les mots peuvent se terminer par n'importe quelle consonne, même par celles qui sont combinées avec les aspirées palatales : *nagy* grand, *hely* endroit, *leány* jeune fille; mais dans des mots monosyllabes, on supprime un *v* final appartenant au radical (ce qui est une terminaison très-fréquente, par exemple, *nyelv*, la langue) après *é, a, o, ö, ü, ö', ü'*, et ce *v* reparaît devant les suffixes. Ainsi *lé* à côté de *lév*, le suc, et *bö* à côté de *böv*, riche. Une voyelle brève devient longue dans ce cas : le *a* bref devient, non *á*, mais *ó*; *ló* pour *lov*, le cheval; *tö* (en finnois *tyvi*) pour *töv*, le tronc; *fü* pour *füv*, le foin; *hó* pour *hav*, la neige; *tó* pour *tav*, l'étang. Le radical ne change jamais. Il y a peu d'assimilations quand des suffixes sont attachés; nous y reviendrons à l'occasion de la conjugaison.

Le magyare se sert du pronom démonstratif *az* (devant des consonnes *a'*) dont la signification est affaiblie, pour exprimer l'article défini; tandis que l'article indéfini s'exprime par le nombre *egy*, ce qui est moins fréquent et n'arrive que dans le cours d'une narration. *Az* et *egy* servent pour les substantifs masculins et féminins, qui, du reste, n'ont pas de différences phonétiques dans les idiomes tatares.

La déclinaison se fait à l'aide de nombreuses postpositions. Le magyare et toutes les autres langues tatares n'ont qu'une seule déclinaison pour tous leurs substantifs. La grammaire magyare ne cite ordinairement que deux de ces syllabes postpositionnelles comme entrant dans la formation de la déclinaison. Ce sont *-nak, -nek,* et *-t,* soit avec, soit sans voyelle intermédiaire. Elles répondent au datif et à l'accusatif. Ainsi : *a' hal,* le poisson ; *a' hal-nak,* au poisson ; *a' hal-at,* le poisson (accusatif) ; *a' hal-ban,* dans le poisson (repos) ; *a' hal-ba,* dans le poisson (mouvement du dehors au dedans) ; *a'hal-ból,* du poisson (mouvement du dedans au dehors) ; *a' hal-on,* sur, près le poisson, *a' hal-ra,* sur le poisson (mouvement) ; *a' hal-ról,* mouvement qui s'éloigne du poisson ; *a' hal-hoz,* vers le poisson ; *Pest-ig,* jusqu'à Pesth ; *a' hal-ért,* pour le poisson, à cause du poisson (par exemple payer) ; *a' hal-val,* avec le poisson ; *a' hal-kep,* comme un poisson, etc. On peut attacher au mot vingt terminaisons de cette espèce ; un plus grand nombre encore peut y être ajouté sans s'y attacher ; ce sont pour la plupart des composés. Il est donc permis de compter en magyare beaucoup plus de cas de déclinaison qu'en finnois ; seulement, les suffixes finnois sont plus doux, et, par conséquent plus semblables à ce que les langues à flexion appellent les terminaisons de déclinaison.

Le signe du pluriel des substantifs est *-k* (de *ki*), soit avec voyelle intermédiaire, soit sans elle ; en finnois *-t ;* c'est le pronom *qui, lequel :* ainsi, *halak* des poissons, forme son accusatif *hala kat*, son datif *halak nak*, etc.

Comme nous l'avons montré, tout ceci se fait sous l'influence de la loi tatare de l'harmonie des voyelles : *rét*, la prairie, *a' réte kröl*, mouvement s'éloignant des prairies ; mais *a' hala król*, parce que là il y a un *é* qui exige un *ö*, et ici un *a* qui exige un *ó* (1). L'adjectif placé devant son substantif n'a pas de particules de déclinaison : *a' nagy* (grand), *város-ok-nak*, aux grandes cités ; il en est de même dans le mantchou, dans le turc, dans le mongol. Dans d'autres occasions, l'adjectif prend

(1) Je rappelle ici au lecteur que les voyelles dures en magyare sont *a, o, u*, tant longues que brèves ; que les voyelles moyennes sont *é, i, i*, et que les voyelles molles sont *e, ö, ö', ü, ü'*. Comme en turc, les voyelles *dures* au radical exigent des *dures* finales ; les *molles*, des *molles* ; les *moyennes*, des *molles* et rarement des *dures* (*Le traduct.*).

8.

ces particules. La gradation de l'adjectif s'opère à l'aide de la terminaison *-bb, -abb, -ebb* (en finnois *-mbi*). Au superlatif, on prépose *leg ;* bon *jó,* meilleur *jó-bb,* le meilleur *leg-jó-bb.*

Les pronoms ont des formations plus compliquées. Leurs radicaux sont identiques dans toutes les langues tatares et ressemblent fort aux pronoms indo-germaniques.

Ainsi, les formes fondamentales des pronoms personnels et nominatifs sont :

PREMIÈRE PERSONNE.

En, je ; quand il devient pronom suffixe, il prend la forme *-m* (mon) avec ou sans voyelle intermédiaire ; *-m* est dans l'indo-germanique et dans le tatare la consonne radicale du pronom de la première personne, en finnois *mi-nä,* etc.

Le pluriel *mi* contient encore cet *m* avec *i,* qui est la vieille désignation du pluriel en finnois, et qui s'est conservée dans le pronom, comme le font souvent les vieilles formations ; la forme suffixe est de même *m* avec le signe du pluriel *-k* et avec la voyelle *u* ou *ü,* donc *-nk* (pour *-mk*) ; *-unk, -ünk* (notre).

DEUXIÈME PERSONNE.

Te, tu ; pluriel *ti.* Il en est de même comme des formes de la première personne.

La forme suffixe *-d,* avec ou sans voyelle intermédiaire, c'est ce *t* radouci ; au pluriel, encore ce *t* combiné avec le signe du pluriel *k,* à l'aide d'une voyelle intermédiaire *-tok, -tek, -tök ;* avec ou sans voyelle intermédiaire, *-atok,* etc. (votre).

TROISIÈME PERSONNE.

Ö, il ; au pluriel *ö-k,* comme le pluriel des substantifs ; avec les suffixes *a, e, é,* et avec un *j* assez sombre devant cette voyelle, *-ja, -je ;* quelquefois il n'en reste que *i* (son). Au pluriel, avec *k ;* ainsi, *-o-k, -jo-k, -je-k, -ö-k, -jö-k.* Quand on parle avec force, on place devant le mot suffixe le pronom personnel : *ma* maison, exprimé avec force, se traduira par *az én¸ házam* (littéralement : cette *je,* maison *-mienne*).

Voici la déclinaison des pronoms personnels, qui se fait par leur combinaison avec les signes de cas, *-nak, -nek, -t* et quelques autres postpositions.

PREMIÈRE PERSONNE.

Nominatif : *én,* je.
Datif : *nek-em,* à moi (c'est *nek* avec le suffixe de la première personne, ou avec le pronom répété : *én-nek-em.*

Accusatif : *en-g-em-et*, ou sans le signe de l'accusatif, *en-g-em*. Cet *en*, comme on le voit par sa comparaison avec *tégedet*, est ici le pronom complet de la première personne ; *g* est probablement la postposition abrégée *ig*, vers, jusques ; -*em* est un suffixe ; -*et* n'est que le signe caractéristique de l'accusatif. Ainsi donc, l'accusatif se trouve-t-il désigné deux fois : par -*g*- (*ig*) et par -*et* ; on peut, en effet, omettre -*et* et dire *en-g-em*, ce qui suffit.

Pluriel. — Nominatif : *mi*, nous ; *mi-k* avec un double signe de pluriel, *mi-nk* est une forme secondaire inorganique avec un suffixe.

Datif : *nek-ŭnk* ou *mi-nek-ŭnk*, n'a pas besoin d'être expliqué.

Accusatif : *mi-nk-et*, c'est-à-dire le nominatif *mi* avec le signe de l'accusatif.

DEUXIÈME PERSONNE.

Nominatif : *te*, tu.

Datif : *nek-ed* ou *te-nek-ed*.

Accusatif : *té-g-ed* ou *té-g-ed-et*, tout analogue à la partie correspondante sus-mentionnée dans la première personne.

Pluriel. — Nominatif : *t-i* ; *ti-k* comme *mi-k*, deux manières de désigner le pluriel.

Datif : *nek-tek* ; ce -*tek* est le suffixe de la deuxième au pluriel. On dit aussi *ti-nek-tek* avec redoublement du pronom.

Accusatif : *ti-tek-et*, comme *mi-nk-et*, c'est-à-dire le pronom *ti* avec le suffixe inorganique -*tek*, et le signe de l'accusatif -*et*.

TROISIÈME PERSONNE.

Nominatif : *ö*.

Datif : *nek-i*, *nek* avec le suffixe de la troisième personne -*i* (comme *nek-em*, *nek-ed*) *ö-nek-i*.

Accusatif : *ö-t* ; avec le signe de l'accusatif réitéré *ö-t-et*.

Pluriel. — Nominatif : *ö-k*.

Datif : *nek-i-k*, c'est le datif du singulier avec *-k ; ö-nek-i-k*, avec réitération du pronom.
Accusatif : *ö-k-et.*

Les autres pronoms *ki, melly* lequel, *az* celui-là, *ez* celui-ci, sont déclinés comme les substantifs.

Deux suffixes possessifs s'agglutinent les terminaisons des cas : *mag*, le noyau, la graine, l'essence ; nominatif, mon essence, c'est-à-dire moi-même, s'exprime par *magam ;* datif, *mag-am-nak*, à mon essence, c'est-à-dire à moi-même ; *a' haz-ad-bol* se traduit par *de ta maison* (un mouvement sortant de l'intérieur de la maison).

Quand on imagine au pluriel ce qu'on possède, il faut mettre *-i-*, ce signe du pluriel, entre le substantif et le suffixe. Après un radical à voyelle, on ne fait que prolonger la voyelle ; après un radical à consonne, on remplace *-i-* par *-ai* ou par *-ei*, en d'autres termes, le simple *-i-* se renforce d'une voyelle accessoire.

Voici, à la page suivante, les formations des suffixes.

Kép, image.

SINGULIER.	PLURIEL.

Kép-em (*é* étant une voyelle douce, réclame donc des suffixes à voyelles douces ; *a* est une voyelle dure, *hal-a*, son poisson, etc.), mon image. — *Kép-ei-m*, mes images.

Kép-ed, ton image. — *Kép-ei-d*, tes images.

Kép-e, son image. — *Kép-ei*, ses images.

Kép-ŭnk, notre image. — *Kép-ei-nk*, nos images.

Kép-etek, votre image. — *Kép-ei-tek*, vos images.

Kép-ek, leur image. — *Kép-ei-k*, leurs images.

Pour *kepei*, ses images, on aurait dû s'attendre à rencontrer *kepeje ;* mais on peut l'expliquer par la fusion du pluriel *i* avec la voyelle suffixe de la troisième personne. L'explication donnée par Kellgren est moins simple.

Toutes ces formes peuvent se décliner par les postpositions connues : *a' kepeink-nek*, à nos images, etc.

Le pronom suffixe de la troisième personne joue un rôle particulier ; nous en dirons ici quelques mots.

Ce suffixe est employé pour exprimer par un détour le génitif ; mais cela n'a lieu que quand le génitif annonce une possession, par exemple : la

maison du voisin, *a' szomszédnak a' haza* ou *a'
szomszéd' a' haza,* littéralement la maison *au* voisin ; la ville de Pesth, *Pest* (1) *városa,* littéralement
à Pest sa ville. Le possesseur est ici désigné deux
fois, d'abord par le pronom possessif, puis on le
mentionne encore. Dans sa forme *-é,* on attache ce
pronom suffixe au mot qui désigne le possesseur et
on obtient par là un mot suffixe qui exprime encore le nominatif de l'objet possédé : *a' Janos-é,*
littéralement à Jean sa chose, c'est-à-dire la propriété de Jean ou ce que Jean possède; on demande,
par exemple, à qui est ce livre là ? et on reçoit la
réponse : *a' Janosé,* c'est-à-dire *à Jean le sien;*
c'est comme *a' Janosnak a' gyermeke,* à Jean
son livre. — Ces formes avec *-é* sont sujettes à la
déclinaison; tu achètes les livres de Pierre, *moi
ceux de Jean,* se traduit par *én a' Janos-é-i-t,* d'a-
près la règle sus-mentionnée. On peut attacher encore *-é* au pronom démonstratif contenu dans le
premier *-é :* cette maison est à mon fils, *l'autre est
à celui du voisin* se traduit littéralement par *amaz
a' szomszédéé,* l'autre est du voisin *le sien sien.* On
peut même faire la déclinaison de ces formes que je

____

(1) Prononcez *Pechtc* en français (*Le traduct.*).

voudrais appeler tertiaires, ou du moins secondaires.

Cet *-é* s'accroche même aux pronoms personnels qu'on traite comme des substantifs ; les pronoms de la première et de la deuxième personne prennent leurs suffixes en même temps : le *tien* se traduit littéralement par *de toi sien,* en magyare *ti-é-d ; nôtres* se traduit de même, *mi-é-nk ; vôtres* par *ti-é-tek.* Ces formes ont un pluriel et une déclinaison en règle : aux nôtres (par exemple, amis), *a' mi-é-i-nk-nek.* Il est impossible, de trouver d'autres formes qui montrent plus clairement ce que c'est que l'agglutination.

Ajoutons ici le reste des formes qui naissent du pronom affixe de la troisième personne. En magyare, il y a deux séries de terminaisons personnelles pour les verbes transitifs. L'une est employée quand l'objet de l'action ayant l'article défini, ou étant déterminé par des suffixes, se trouve apposé au verbe, ou lorsque le verbe se rapporte à un objet déjà connu : en allemand on dit alors *es.* Voilà la forme déterminée. L'autre, la forme indéterminée, est d'usage quand on ne pense guère à l'objet de l'action, ou qu'il n'a pas l'article défini : ainsi, *ír,* il écrit (exprimant tout court écrire) ; mais *ír-ja,* il l'écrit (par exemple, une lettre dont on avait parlé) ; *la'tom az erdöt,* je vois la forêt (la forêt en question), mais *la'tok erdöt,* je vois une forêt. Ainsi la phrase « je n'écoute pas *ce* qu'il dit » ne saurait se traduire qu'avec la forme du pronom personnel en *om,* forme déterminée, parce que l'action du verbe écouter se rapporte ici à une chose déterminée, *ce que.* Il faudra donc traduire *nem hallom, mit beszél ;* en allemand on peut y intercaler le pronom neutre *es : ich höre es nicht, was er spricht* (1).

Cette forme double, si je ne me trompe, n'avait pas été expliquée. Les formes *déterminées* contiennent *virtuellement* le sens de l'accusatif du pronom de la troisième personne (*le, la*) ; elles le contiennent aussi *phonétiquement,* comme je vais le prouver tout à l'heure, et se distinguent des formes *indéterminées,* surtout parce qu'elles ont le suffixe de la troisième personne intercalé devant la terminaison personnelle.

Et d'abord, le suffixe de la troisième personne est *ja, a, je, e* ou *é* (prononcez *j* comme en allemand, c'est-à-dire à peu près comme *y* en fran-

____

(1) *Voyez* Kellgren *Grundzüge d. finn. Sprache u. s. w. ;* 1847, Berlin, p. 79 ; et Scholt, *Versuch über die tatarischen Sprachen ;* 1836, Berlin, p. 66.

çais). Ce suffixe devient aussi *i*, par exemple, *nek-i* à lui, à elle, comme *nek-ed* à toi, *nek-em* à moi; la syllabe *nek* est la marque du datif; elle a ici un *e* à cause des voyelles douces *i* et *e* du radical *ed*, ou *em*, ou *i*.

Ce suffixe peut se confondre avec une voyelle, de sorte qu'il se fait entièrement remplacer par elle : *kép-ei*, ses images; le *e-i* n'est qu'un signe de pluriel, ce qu'on voit par d'autres formes de déclinaison : *kép-eim*, *kép-eid*, etc., etc., et par la comparaison avec le pluriel finnois. Le suffixe en question, -*i*-, a été absorbé par cette voyelle *ei*, qui devrait ainsi être *ei-i*.

Abordons maintenant la conjugaison du temps présent :

FORME INDÉTERMINÉE.	FORME DÉTERMINÉE.
SINGULIER.	
1. *Ir-ok*, j'écris.	*Ir-om*, je l'écris.
2. *Ir-sz*, tu écris.	*Ir-od*, tu l'écris.
3. *Ir*, il écrit.	*Ir-ja*, il l'écrit.
PLURIEL.	
1. *Ir-unk*, nous écrivons.	*Ir-j uk*, nous l'écrivons.
2. *Ir-tok*, vous écrivez.	*Ir-játok*, vous l'écrivez.
3. *Ir-nak*, ils écrivent.	*Ir-ják*, ils l'écrivent.

Les formes les plus marquantes sont ici la

deuxième du pluriel indéterminé *i'rtok:* le *-tok* est le suffixe de la deuxième du pluriel ; littéralement « votre écrire » ; la deuxième du pluriel déterminé est *ir-ja'-tok :* le *ja* est le suffixe de la troisième, ici avec un *a'* long, puisque les voyelles brèves devant des suffixes se changent en voyelles longues ; littéralement « votre l'écrire ». Puis la troisième du singulier *i'r ja*, « écrire le », correspond à la forme indéterminée *i'r*, qui n'est que le simple radical *ir*, = écrire. La troisième du singulier montre partout le tronc verbal tout nu, et par conséquent ici dans un verbe primitif le radical. De cet *i'r-ja* le pluriel régulier *i'r-ja'-k*, formé comme un substantif, est considéré comme la troisième du pluriel (1) indéterminé *i'r-n-ak*, *i'r* avec le pluriel *-ak* et avec un *n* interposé, dont la signification n'est pas claire ; *i'r-j-uk*, nous l'écrivons ; *-uk* probablement abrégé de *-unk* (suffixe de la première personne du pluriel), à cause de l'*i* intercalé, qui est le suffixe de la troisième ; *i'r-unk* est conforme à la règle, c'est-à-dire, « notre écrire » ou « nous écrivons ».

La deuxième personne du singulier dans la forme indéterminée n'a pas de voyelle intermédiaire, le *t*

____

(1) Dans les langues tatares, il n'y a pas de différence bien marquée entre le verbe et le substantif.

y est radouci à *sz*, donc *i'r-sz*, tu écris ; la forme déterminée *i'r-o-d* place devant le suffixe ordinaire de la deuxième personne (*d*), une voyelle qui exprime le pronom et qui sert en même temps de voyelle intermédiaire ; la première personne déterminée *i'r-o-m* est formée d'une manière semblable ; *i'r-ok* est indéterminé.

Dans l'indéfini le suffixe *a* (*e*) ne peut se manifester, parce que le caractère de ce temps est une voyelle intermédiaire *a*, *e*, qui doit être prolongée devant chaque suffixe, ceux-ci étant regardés dans la conjugaison comme des terminaisons personnelles ; le suffixe de la troisième se confond avec cette voyelle longue. Mais dans la troisième du singulier se manifeste aussi ici l'augmentation de voyelle produite par ce suffixe : indéterminé *i'r-a*, il écrivait, et déterminé *ir-a'* il l'écrivait.

Le parfait, avec son signe *t*, est comme le présent ; par exemple : indéterminé, la troisième personne *i'r-t*, il a écrit, et *i'r-t-a*, il l'a écrit ; la deuxième personne du pluriel indéterminé *ir-t-atok* (*a* est la voyelle intermédiaire ordinaire), déterminé *i'r-t-à'-tok ;* ici il y a un *à'* long parce qu'il n'est pas voyelle intermédiaire, et qu'il doit par conséquent être prolongé d'après la règle devant le suffixe. La troisième du pluriel indéterminée est *i'r-t-a-k*, pluriel régulier de *ir-t;* la forme déterminée est *ir-t-a'-k*, de *ir-t-a*.

Le subjonctif du présent (l'impératif avec le signe caractéristique *-j-*) s'explique aussi par ce qui précède; la deuxième personne du singulier est très-clairement formée, indéterminée c'est *i'r-j*, déterminée c'est *i'r-j-a-d* (contractée en *i'rd*). La deuxième du pluriel indéterminée est *ir-j-atok*, déterminée *i'r-j-á'-tok*.

Le subjonctif de l'imparfait (le signe c'est *na*, *ne*) apparaît de ce qui a été dit.

Le magyare se sert encore d'autres manières phonétiques pour séparer les deux formes; cela n'étonnera personne qui connaît la richesse des langues plus élevées quand il s'agit d'élaborer leur matière pour en produire des terminaisons grammaticales. La langue magyare doit être appelée une langue sans flexion, mais elle montre beaucoup de force en traitant les terminaisons personnelles de sa conjugaison.

Le radical employé comme exemple, *i'r*, a une voyelle moyenne, et des suffixes à voyelles dures. Chez des radicaux ayant des voyelles douces, on change les voyelles des suffixes, d'après la loi de l'harmonie des voyelles.

Le magyare permet d'entendre les pronoms suffixes dans un autre sens que le sens possessif; voyez, par exemple, les pronoms suffixes aux postpositions ou aux syllabes des cas, *felé-m*, *felé-d*, *felé-je* contre moi, contre toi, contre lui; *vel-em*, *vel-ed*, *vel-e* avec moi, avec toi, avec lui. Dans les idiomes sémitiques aussi, les pronoms suffixes ont cette triple application de possessifs, de suffixes prépositionnels, et de marques d'objet pour les verbes actifs : chez les Hébreux, par exemple, *sus-kem* votre cheval, *itt-kem* chez vous, *ktal-kem* il vous a tués; chez les Ab-Khases les préfixes possessifs, les préfixes (ou infixes) personnels du verbe et ses marques objectives ont la même forme.

Le magyare a cela de caractéristique, de signaler une chose par des suffixes, et, après l'avoir désignée, de la nommer encore par une apposition. Rien de plus ordinaire en magyare que des phrases telles que *i'r-ja a' levelet* il l'écrit la lettre, ou *az ember a' szem-e* à l'homme l'œil sien, c'est-à-dire l'œil de l'homme. Cette méthode, que je propose de désigner sous la dénomination de méthode réitérative, existe surtout dans les idiomes incorporants des Américains indigènes.

Le temps présent n'a pas de signe spécial, l'indéfini ne se distingue que par la modification des terminaisons personnelles, par le prolongement de la voyelle intermédiaire. Les autres temps et modes disposent, dans toutes ces langues, d'expressions phonétiques déterminées, qui s'attachent au radical; le passé défini *-t*, *-ott*, *-ett*; le subjonctif et l'impératif *-j*, qui s'assimile aux consonnes sibilantes qui précèdent, et forme *ts* avec *t*, tandis que les assimilations en magyare sont généralement rares : *néz-j-e-m* se contracte en *nézzem*, etc. Quelquefois on y fait concourir des verbes auxiliaires. — Les genres du verbe magyare se dessinent comme ceux du verbe turc : *tat*, *tet*; *od*, *öd*, donnent les passifs; *at*, *et* les causatifs; *hat*, *het* désignent un verbe potentiel; *dos*, *dös* le verbe fréquentatif, etc, etc. Par exemple : il·écrit *i'r*, il fait écrire *irat*; je peux l'écrire *ir hat-o-m*, etc., etc.

II.

SOUCHE CAUCASIQUE (1).

La phalange composée d'idiomes qui n'appartiennent ni au tatarisme ni à l'indo-germanisme, et

___

(1) *Lisez* Klaproth, *Reise in den Kaukasus und nach Georgien ;* 2 Bd.

qui s'étendent avec les montagnes du Caucase, des rives de la mer Noire jusqu'à une très - petite distance de la mer Caspienne, ne nous est pas déjà entièrement connue. L'idiome géorgien est le plus grammaticalement développé ; il reste toutefois dans les limites de la deuxième classe, de la classe agglutinante.

La conjugaison, il est vrai, transforme non-seulement la voyelle finale de la racine, mais aussi quelquefois sa voyelle interne : par exemple, en langue lazique le signe de la première personne, qui est un simple *b*, *m*, est non-seulement préfixé : *chaschk* labourer la terre par une bêche, et *bchaschk-are* je laboure la terre par une bêche; mais aussi ce *b* se trouve quelquefois interposé et combiné avec un *n : gietsch* battre, *giebtsch-are* je bats ; *konz* ouvrir, *komz-are* j'ouvre. En langue suane les radicaux des verbes ont souvent une voyelle peu sûre : le radical *dj-m* (1), saler, infinitif *li-djm-i*, le présent *oth-djm-né*, le parfait *ot-djom :* — de même *phschth* faire des éloges, l'infinitif

---

1814, Berlin et Halle. — Rosen, *Über die Sprache der Lazen in Abhandlungen d. Berliner Academie,* 1843.—Du même, *Über das Mingrelische, Suanische und Abchasische,* 1845, et au même endroit.

(1) Ce *dj* se prononce comme dans la langue française.

li-phuschth, le parfait *ot-phasehth*, le présent *chwa-phschth-i*. Cette insertion d'une voyelle n'est cependant pas bien fixée, elle se fait par ci par là. Je n'y vois nullement une flexion, c'est-à-dire un changement phonétique du radical pour signaler une relation déterminée, je n'y vois qu'un simple jeu phonétique.

Au premier coup d'œil l'observateur pourrait se laisser tromper par les préfixes des verbes dans les langues caucasiques ; mais il faut séparer avec précision les préfixes et le radical.

Bref, toutes nos concessions se bornent, au plus, à ce que nous rangerons ces langues aux extrêmes limites du cercle qu'occupent les langues à flexion. Ont-elles eu une autre place dans l'antiquité ? Ont-elles été des langues flexives ? Notre grand Bopp compte, il est vrai, la famille ibéro-caucasique parmi les langues indo-germaniques (1) : mais toute notre estime pour son témoignage ne saurait nous faire illusion. Bopp, avec son immense talent et avec sa prodigieuse érudition, n'a mis à découvert que fort peu de ressemblances de

(1) Franz Bopp *Über das Georgische in Sprachverwandtschaftlicher Beziehung* (in Abhdl. der Berlin. Acad. 1846). Il en existe une impression à part sous ce titre : « *Die Kaukasischen Glieder des indo-europäischen Sprachstammes.* » Berlin, 1847.

9.

l'indo-germanique et de l'ibéro-caucasique; il en aurait pu trouver davantage dans le finnois, dans le magyare et dans les idiomes des Sémites. Ce qui n'eût obligé personne, de proclamer la consanguinéité de ces langues-là avec la race indo-germanique. Du reste, Rosen jeune, qui connaît profondément la souche indo-germanique et la famille du Caucase, ne doute pas le moins du monde que les langues du Caucase ne soient en dehors du sol indo-germanique.

Les idiomes caucasiques diffèrent beaucoup entre eux matériellement, mais ils ont une analogie phonétique et formelle. L'alphabet géorgien représente à peu près tout leur système phonétique; il y existe une espèce particulière de consonnes, de celles que les grammaticiens ont l'habitude de nommer avec un mot latin *tenues*. Toutes ces langues caucasiques sont d'une rudesse, d'une âpreté acoustique incroyable; il n'y a pas, je pense, d'autre langue plus hérissée de consonnes que celles des Tcherkesses et des Abkhases. Une consonne seule peut être radicale: dans l'idiome lasien, par exemple, *g'* signifie « placer debout »; son présent est *b-g'-are*; dans l'idiome souanien *r* signifie comme radical « écrire ». Grammaticalement l'abkhasique occupe la place la plus inférieure, il n'a ni flexion des substantifs, ni marque du pluriel. Le souanique possède des cas de déclinaison, mais on ne s'en sert que rarement. Le lazien et le mingrélien sont un peu plus haut placés, mais ils n'ont pas de terminaisons de déclinaison pour l'adjectif. Le géorgien occupe le degré le plus élevé.

La Géorgie était connue chez les anciens Grecs et chez les Romains sous le nom d'*Ibérie*, ce qui s'est conservé dans le mot *Iméréthi*, dont on désigne aujourd'hui une province; les Russes l'appellent la Grousie, les Perses et les Turcs l'appellent Gürgistan (c'est-à-dire Géorgistan); les indigènes se servent du nom Karthwly. Son idiome se parle au midi de la partie occidentale du Caucase; il ressemble beaucoup au lazien, qui existe en bandes étroites sur la côte méridionale de la mer Noire, et au mingrélien, au nord du lazien, autour de la rivière Rioni, le Phasis des anciens, et au nord de cette rivière.

Les Laziens sont désignés par les Byzantins comme les descendants des anciens Colchiens; on peut embrasser sous la dénomination de l'idiome *colchique* celui des Mingréliens et des Laziens. Le souanique, autour de la rivière d'Engouri, leur ressemble moins, mais lui aussi appartient à la famille.

Les Tcherkesses et les Abkhasiens ont une langue qui diffère assez des autres langues caucasiques, surtout dans les pronoms et les mots pour les nombres. Les Abkhasiens habitent la grande Abasa; ils appellent leur pays Absne; les anciens les connaissaient déjà au premier siècle de notre ère sous le nom de Abasci, Abasgi; les Géorgiens les appellent Abkhasi. Les Tcherkesses habitent le coin nord-ouest des Abkhasiens, entre la côte de la mer Noire et le fleuve Couban; ils sont domiciliés le long de la mer vers le sud. Ces deux idiomes ne transforment pas leurs verbes avec nombres et personnes, la personne n'y est pas marquée par la terminaison. En abkhase il n'y a pas de déclinaison, les marques personnelles sont identiques avec le pronom possessif, on les place comme préfixes devant, et plus souvent comme des infixes dans le verbe : je monte à cheval (*sa-ra* je; l's préfixe indique le verbe), *s-tschwischl-oit*; jeter *irsch*, nous jetons *i-ha-rsch-oit*; le mot *ha-ra* signifie « nous ». Ces mêmes préfixes et infixes peuvent, dans tous ces idiomes, s'employer en relation objective d'après le système d'incorporation : *s*[1]*-i*[3]*-u*[2]*-thap*[3] tu[2] me[1] donnes[3], et *i*[3]*-u*[1]*-s*[2]*-thap*[3] je[2] te[1] donne[3]; ainsi, *i-thap* est le radical « donner », *s* indique la première personne, *u* indique la deuxième.

Sous lé nom de lesghiens on comprend les idiomes qui occupent le coin entre les rivières Alasani et Koïssu, les pays du Daghestan et du Lesghistan. On ne les a pas encore étudiés. A l'ouest et au nord-ouest des Lesghiens, entre les fleuves Térek et Koïssu, habitent des tribus que leurs voisins appellent Mizdchèques ; Güldenstätt (dans son *Rapport de voyage en Russie*, 2ᵉ volume) les appelle Kistiens. Ils se divisent en Karaboulaques, Inngouches, Tchétchenziens, etc. Tous ces dialectes possèdent au moins en commun beaucoup d'expressions ; ils ressemblent aussi à l'idiome lesghien ; mais on n'en sait pas beaucoup.

LANGUES INCORPORANTES.

SOUCHE BASQUE ou EUSKARI (1).

Cet idiome, jadis fort répandu, ne subsiste plus que dans un petit espace entre les Pyrénées et le

______

(1) De Larramendi, *Diccionario trilingue del Castellano Bascuenze y Latin.* 2 vol., Saint-Sébastien, 1745. — Du même, *El impossibile vencido, Arte de la lengua bascongada ;* 1729, Salamanca. — Lécluse, *Gram-*

golfe de Biscaye; il se compose, de l'est à l'ouest, de trois dialectes qui ne diffèrent que peu entre eux : le labortan, le viscayen et celui de Guipuzcoa. C'est une langue unique, ce semble, et qui n'a point de sœurs.

En général, son principe vital est celui de l'agglutination; on le voit, par exemple, dans la formation des mots : *aita*, père, le génitif *aita-r-en*, du père, et le génitif avec l'article *aita-r-en-a*, ce qui est du père; la syllabe *tu* en produit un verbe, *aita-r-en-a-tu*, faire d'une chose la propriété du père; *aita-gana*, vers le père; *aita-gana-tu*, littéralement « faire (du chemin) vers le père », c'est-à-dire venir chez le père.

Cette langue a cela de commun avec celles des indigènes de l'Amérique du Nord, qu'elle compose d'une manière singulière les mots de toute espèce. Elle supprime souvent des syllabes entières en composant, elle ne conserve quelquefois qu'une seule lettre dans le mot composé : *od-otsa*, le tonnerre, se compose de *odeia*, le bruit, et *otsa*, le

maire *de la langue basque;* 1826, Toulouse et Bayonne. — Guillaume de Humboldt, que nous suivrons dans ce chapitre, a écrit un rapport important sur cette langue dans le *Mithridate d'Adelung*, t. IV, et un ouvrage particulier intitulé : *Prüfung der Untersuchungen über die Urbewohner Hispaniens mittelst der Vaskischen Sprache;* 1821, Berlin.

nuage; *ou-g-atza*, la mamelle de la femme, composé de *oura*, de l'eau ou un liquide quelconque, et *atza*, le doigt, le rayon d'une roue, un corps oblong proéminent quelconque. Comparez-y les mots suivants tirés de la langue des Delawares (Amérique du Nord): *pi-lape*, le jeune homme, composé de *pilsit*, chaste, innocent, et *lenape*, l'homme; de même *k-ouli-gat-schis*, mot de tendresse pour les jeunes animaux quadrupèdes, composé de *k*, qui est le pronom de la deuxième personne tu, ou le tien, *woulit*, joli, *wichgat*, la jambe, la patte, et la terminaison diminutive *-schis;* ainsi, le mot entier se traduit par *toi, la jolie petite patte.*

Le basque a une déclinaison à l'aide des postpositions, comme les langues susmentionnées des Tatares. On n'y saurait jamais séparer les cas des postpositions: *ogui-gabe,* sans pain; *jaun-arentzat,* pour le maître. En basque, comme dans les autres langues susmentionnées, on n'appelle terminaisons de déclinaison que des postpositions brèves, déjà un peu effacées. Un *a* affixé à la fin exprime l'article;

Nominatif : *guizon-a-c,* l'homme agissant;
   Guizon-a, sans le signe du cas, est le nominatif de l'état passif ou neutre; c'est aussi le vocatif et l'accusatif.
Génitif: *guizon-a-r-en,* de l'homme (*r* y est intercalé).
Datif: *guizon-a-r-i,* à l'homme.

Au pluriel on forme comme suit :

Nominatif : *guizon-a-c*, les hommes (l'accent est sur *zon*, tandis que le nominatif actif du singulier *guizon-a-c* porte l'accent sur *ac*).
Génitif : *guizon-en*, des hommes.
Datif : *guizon-a-i*, aux hommes.

Sans l'article on a le nominatif actif *guizon-c*, et le nominatif passif *guizon*. Un homme quelconque, quand on doute ou interroge, se traduit *guizon-ic*, génitif *guizon-en*, datif *guizon-i*. Cette déclinaison n'a pas de pluriel, parce que le nombre y est autant vague et douteux que son substantif.

La conjugaison basque est de cette structure particulière que nous venons d'exposer dans les langues tatares, et avant que le système agglutinatif fût étudié, l'observateur doit avoir eu de la difficulté à s'y reconnaître ; seulement, il faut avouer que Larramendi, malgré le titre pompeux de sa grammaire, « *l'Impossibilité vaincue,* » n'y a nullement réussi.

La plupart des verbes basques ont un verbe auxiliaire avec des appendices ; il est rare que ceux-ci s'attachent directement au radical du verbe même. Dans le premier cas, on l'appelle la conjugaison régulière ; dans le second, la conjugaison irrégulière. Les verbes auxiliaires n'ont qu'une conjugaison irrégulière, comme cela doit être. Le radical du verbe peut être simplement une seule voyelle ou consonne, et quand elle se modifie, le radical tout entier subit une modification ; mais cela n'est point un changement organique intérieur de flexion, ce n'est, comme dans le magyare, qu'un changement extérieur et mécanique qui s'opère, d'après la loi phonétique, par le conflit du radical avec les terminaisons. Les diverses sortes de relations qui s'expriment dans le verbe, sont déjà en partie connues par la preuve que nous avons fournie de la structure incorporante ; seulement, on y marque aussi la personne à laquelle on parle ou celle qui s'y trouve impliquée secondairement : *Il t'a aimé, ô homme ! Je l'aime pour toi*, etc. En outre, les relations causative, active, passive, etc., sont marquées ; de même, les modes de *pouvoir, vouloir, devoir, avoir l'habitude*, etc., se marquent-ils à l'aide des auxiliaires : *oi-tou* accoutumer, donne la relation de *avoir l'habitude ; nai* et *goura* expriment le *vouloir*, etc. Les temps s'expriment par l'auxiliaire et par le participe du verbe. De tout ceci, il naît nécessairement une masse énorme de formes. En outre, chaque forme du verbe peut devenir un participe par un simple -*n :* nous l'aimons *maitetouten dogou*, et nous aimant -le *maitetouten dogoun*.

C'est fort caractéristique pour cette structure de langue ; la différence entre le verbe et le substantif y est moins accusée que dans les langues à flexion.

Guillaume de Humboldt a fait usage des manuscrits d'Astarloa ; d'après lui, on fait bien d'appeler *genres* ou *voix* (*voces*) les diverses espèces de formes naissant de la diversité des états actif, passif ou mixte, y compris la circonstance où une personne secondaire accède à l'idée exprimée par le verbe : on appelle *conjugaisons,* dans un sens tout différent du sens ordinaire, les variétés qui sont produites par les variétés des personnes auxquelles le verbe se rapporte, soit directement, soit secondairement. Chaque verbe dispose de huit *voix ;* chaque voix dispose de plusieurs *conjugaisons,* somme toute, deux cent six *conjugaisons* dans toutes les *voix ;* chaque *conjugaison,* comme ailleurs, forme ses modes, temps, nombres et personnes. Ici on entend par *personnes* les personnes ordinaires de toute autre langue, les personnes au nominatif ; tandis que, plus haut, on a parlé des personnes qui dépendent du verbe.

Voici des exemples :

Voces ou *voix.* Chaque verbe régulier se compose d'un participe et d'un verbe auxiliaire ; il peut donc y avoir ou tous les deux au passif et à l'actif, ou l'un à l'actif et l'autre au passif. Cela produit d'abord quatre *voix* :

1° Participe et auxiliaire à l'actif, *maitetu-ten d-o-t*. Le *d* marque la troisième personne du singulier à l'accusatif. Le *o* est le radical du verbe auxiliaire. Le *t* annonce la première personne du singulier au nominatif. Ainsi : 1, 2, 3, 4, c'est *ai-mant le ai je*, c'est-à-dire, je l'ai aimant, c'est-à-dire, je l'aime.

2° Participe et auxiliaire au passif : *maitetu-ba naz*, aimé je suis, je suis aimé.

3° Participe à l'actif, auxiliaire au passif : *mai-tetu-ten naz*, je suis aimant. Mais cette forme est toujours entendue comme réciproque, avec un accusatif suppléé : je m'aime.

4° Participe au passif, auxiliaire à l'actif : *mai-tetuba d-o-t*, aimé le j'ai, aimé le je tiens, c'est-à-dire, il est aimé de moi. La différence entre cette expression et le N° 1 est très-délicate; comme en latin *te cognitum, te perspectum habeo.*

Les quatre autres *voix* se forment en ajoutant une personne secondaire et qui se place par là en quelque sorte au datif.

5° *Maitetuten d-eu-ts-u-t*, je l'aime à toi, litté-ralement, je aimant ai le à toi; dans *deutsut*, le *d* est la marque de la troisième personne du s ngulier à l'accusatif; *eu* est le radical de l'auxiliaire; *ts* caractérise le verbe récipient; *u* annonce la deuxième personne du singulier au datif; *t* caractérise le nominatif de la première personne du singulier.

6° *Maitetuba* [1] *n*[2]-*a*[3]-*ch*[3]-*a*[3]-*zu*[4], [2] je [5] suis à [4] toi [1] aimé : *maitetuba* est le participe du passif; *n* la marque de la première personne du singulier au nominatif; *a* le radical; *ch* la marque du verbe récipient; *a* s'intercale pour l'euphonie; *zu* marque la deuxième personne du datif.

7° *Maitetuten nachazu*, je m'aime à toi ou pour toi.

8° *Maitetuba deutsut*, je l'aime à toi (comme dans le N° 4).

Les conjugaisons sont classées d'après les diverses personnes auxquelles un verbe peut se rapporter principalement ou secondairement. Le duel n'existe pas; la langue a un pluriel et un singulier. Il y a huit personnes puisque la deuxième du singulier est triple; c'est que, dans une conversation amicale, on distingue par deux formes différentes l'homme et la femme, et, qu'en outre, il existe une forme spéciale de la conversation polie, et quand le verbe amène la première ou la troisième personne à l'accusatif, alors la conjugaison se subordonne à la qualité de celui auquel on adresse le discours.

Les *voix* dont j'ai parlé, combinées avec chacune des conjugaisons qu'elles admettent, donnent en effet deux cent six conjugaisons. Ainsi, dans la catégorie de la réciprocité, qui est la voix N° 3, il n'y peut avoir autant de voix que de personnes auxquelles on s'adresse, c'est-à-dire, trois, puisque l'accusatif est toujours identique avec la personne du nominatif.

Il d-a,		Monsieur ! Madame ! (conversation polie.)
Il d-o-c,	Il s'est tué,	
Il d-o-n,		Homme ! Femme ! (conversation amicale.)

Cela se compose de *il,* le verbe tuer ou mourir ; de la lettre *d,* qui marque l'accusatif de la troisième personne du singulier ; de *a, o,* le radical de l'auxiliaire ; de *c* et *n,* qui marquent Homme et Femme dans le ton familier. Le *soi,* dans il *s*'est tué, ne s'exprime jamais.

Le tableau suivant, copié dans Humboldt, présente les seize conjugaisons de la première *voix ;* il nous fera voir la grande régularité et la singulière monotonie propres à chaque langue qui n'est pas langue à flexion ; nous en reconnaîtrons bien vite les éléments, parce qu'ils n'ont pas entre eux d'autre liaison qu'une liaison tout extérieure. Les Basques composent leur verbe du radical et de l'auxiliaire. Le *verbe* à son tour se compose du signe de la personne accusative, du signe de la personne vocative et de la lettre euphonique. L'*auxiliaire*, de son côté, se compose du signe de la personne accusative, du signe de la personne vocative et de la lettre euphonique.

VERBE.	Lettre caractéristique de la PERSONNE ACCUSATIVE	Lettre EUPHONIQUE.	Marque de la deuxième PERSONNE FAMILIÈRE en vocatif.	Radical AUXILIAIRE.	Marque de la PERSONNE ACCUSATIVE	Lettre EUPHONIQUE.	Marque de la PERSONNE VOCATIVE masculine.	Marque de la PERSONNE VOCATIVE féminine.	SIGNIFICATION.
1.				au					Il t'a tué, ô homme !
2.				au				na	- — ô femme !
3.	z			au					- — monsieur ! - — madame !
4.	n			au					- m'a. —
5.	d			au					- l'a. —
6.	z			au	z				- vous. —
7.	g			au					- nous. —
8. } il	d			au	z				- les.
9. } il	n	ai	j	o			c		- m'a. ô homme !
10.			j	o			c		- l'a. —
11.	g	ai	j	o			c		- nous. —
12.			j	o	z	a	c		- les. —
13.	n	ai	j	o				n	- m'a. ô femme !
14.			j	o				n	- l'a. —
15.	g	ai	j	o				n	- nous. —
16.			j	o	z	a		n	- les.

En combinant sur ce tableau les syllabes l'une à côté de l'autre placées dans une colonne horizontale, on obtient la forme de chaque conjugaison.

Le radical de chaque verbe exprime à la fois la troisième personne singulier au *nominatif* avec la deuxième personne singulier à l'*accusatif*, dans la conversation amicale avec un interlocuteur du sexe masculin ; par conséquent, il n'y a pas de personne marquée dans la première rubrique chez *il au*.

La ressemblance qui existe entre toutes ces formes si étranges et celles des langues américaines, ne saurait être révoquée en doute. La langue magyare y touche, mais bien peu ; encore moins le système sémitique, qui attache extérieurement les pronoms à l'accusatif. Humboldt donne des exemples, d'après Astarloa, qui a étudié le dialecte des Biscayens ; Larramendi a fait des recherches sur celui de Guipuzcoa.

Les verbes dits irréguliers sont conjugués comme les verbes auxiliaires ; *jaquin,* avoir ou savoir, se forme dans le présent de la cinquième conjugaison (*je l'ai, je le sais*), dans le dialecte de Guipuzcoa, de la manière suivante ; le signe de la troisième personne de l'accusatif est *d :*

SINGULIER.

1 *D-aqui-t*, je le sais.

2 *D-aqui-c*, tu le sais, ô homme !
D-aqui-n, tu le sais, ô femme ! } familièrement.

D-aqui-zu (ou *-tsu*), tu le sais, ô maître !
                              ô maitresse ! } poliment.

3 *D-aqui*, il le sait.

PLURIEL.

1 *D-aqui-gu*, nous le savons.

2 *D-aqui-zute* (ou *-tsute*), vous le savez.

2 *D-aqui-te*, ils le savent.

En Europe, la langue basque n'a pas de sœurs ; car il ne faut plus, comme jadis, courir au hasard à la recherche de quelques ressemblances fortuites. La grande et profonde science naturelle des langues a pour devise : *Point de salut hors la méthode.* Dire qu'il existe un lien entre le celtique et le basque, est assurément une impardonnable erreur.

C. LANGUES A FLEXION.

La fusion indissoluble, fusion *intellectuelle*, de la signification avec la relation, s'exprime dans les langues à flexion par l'inséparable fusion *maté-*

rielle ou *phonétique*, c'est-à-dire que le radical lui-même peut subir une flexion. C'est le caractère essentiel de la troisième classe des langues. Les éléments, qui étaient encore roides et récalcitrants dans les langues de la deuxième classe, sont enfin devenus souples et vraiment vivaces; une langue à flexion peut, dans sa sphère phonétique, suivre à pas égal tous les mouvements si multiples et si compliqués de l'activité intellectuelle. Au delà, il n'y a plus de structure supérieure possible.

Pour comprendre tout ce qu'il y a de différence entre la classe agglutinante et la classe à flexion, on n'a qu'à comparer la conjugaison et la déclinaison agglutinantes avec celles d'une langue à flexion quelconque, soit sémitique, soit indo-germanique, pourvu que celle-ci ne soit pas tout à fait déchue.

D'abord la déclinaison. Elle ne nous montre, dans les idiomes agglutinants, qu'une séparation peu visible entre le cas et sa postposition, le pluriel exprimé par un son indiquant le nombre, et l'apposition des terminaisons de cas, absolument comme dans le singulier. La fusion de ces divers sons entre eux et avec le mot n'existe pas encore; il n'y en a au plus qu'un faible commencement. Les genres masculin et féminin manquent de marque.

Prenons, au contraire, le participe grec τύπτων, τύπτουσα, τύπτον, pour exemple de la flexion. Ici, nous voyons le genre dûment annoncé, et cela non d'une manière matérielle, mais symbolique, comme cela doit être dans une classe élevée. Nous y voyons le radical qui est τυπτ-οντ; le féminin est désigné symboliquement par une voyelle longue, ici principalement *i*, qui est remplacée en grec toujours par ια; le nominatif se sert de la consonne démonstrative *s* (comme pronom indépendant *sa*, *sâ*, ὁ, ἡ), mais les féminins dans les langues les plus antiques n'ont que rarement cette consonne. Le genre neutre, comme presque partout ailleurs, reste ici sans recevoir une marque particulière : il se distingue précisément par ce défaut.

Ainsi, nous avons les formes fondamentales : nominatif masculin, τυπ-τοντ-ς; féminin, τυπτ-οντ-ια; neutre, τυπτ-οντ.

Ces formes ne sont cependant point permises d'après les lois phonétiques de la langue grecque; elle a des lois qui possèdent, plus que dans une langue agglutinante, la puissance de fondre les éléments des mots pour en produire des unités. Dans τυπ-τοντς et τυπ-τοντ, on voit ainsi s'effacer τς et τ; alors va se montrer de nouveau la force de l'expression symbolique que prend la relation ; car le nominatif masculin, qui est censé exprimer un objet animé, après avoir perdu deux lettres finales ντ, est dédommagé, pour ainsi dire, par la prolongation de la voyelle précédente, c'est-à-dire ο devient ω, τυπτο (τς) devient τυπτων. Quant au neutre τυπτοντ, il rejette seulement son τ, et devient τυπτον. Dans le féminin, -τι- se raccourcit en ς, devant lequel, d'après la loi phonétique grecque, ον se transformera en ου; le résultat est donc τυπτουσα au lieu du primitif τυπτοντσα. Le signe du génitif est ς; dans les radicaux à consonnes, il se fait accompagner par la voyelle intermédiaire ο; la terminaison féminine α y prend toujours la prolongation primitive α ou η; il y aura donc : τύπτοντοσ masculin, τυπτούσης féminin, τύπτοντος neutre.

Le signe du datif est pour le masculin et pour le neutre le ι locatif, pour le féminin un renforcement αι; ainsi τύπτοντι, τυπτουσααι, ce qui se contracte en τυπτουση-ι (un η avec ι).

Le signe de l'accusatif -μ doit devenir -ν en grec, puisque cette langue ne supporte jamais la terminaison en μ. Le neutre a la même forme que le masculin; le neutre fait de la forme de l'accusatif son nominatif: *bonus* masculin nominatif, *bonum* masculin accusatif, *bonum* aussi neutre nominatif et neutre accusatif.

Dans le masculin, ce -ν, parce que c'est une consonne, doit adopter un α pour voyelle intermédiaire après laquelle le -ν s'efface : τύπτοντ-α pour
τυπτοντ-α-ν.

Laissons de côté le duel, et tournons-nous vers
le pluriel. Son signe est ς, probablement comme
dans le mot sanskrit *sam, sa*, qui signifie *collection*,
en allemand *samt, sammen*. Suivant la méthode
agglutinante on devrait dire : nominatif τυπτοντσεσ,
génitif, τυπτοντσος, datif τυπτοντσι, accusatif τυπτοντσαν,
etc. ; en d'autres termes, la marque du pluriel ς devrait précéder les signes des cas; quant aux idiomes
à flexion, il est fort douteux qu'il en ait jamais été
de même.

Le nominatif masculin τυπτοντ-ες montre le signe
ς du pluriel et celui du cas fondus ensemble; le
nominatif féminin τύπτουσαι n'est qu'un radoucissement pour τυπτουσας. Le neutre a la forme nominative
égale à la forme accusative, τύπτοντα, ce qui a probablement remplacé τυπτοντα ν sans le ς du pluriel.

Le génitif, primitivement *s-âm* en sanskrit,
sonne à l'oreille grecque σ-ων; ς est la marque du
pluriel; *âm* n'est pas bien clair quant à son origine,
c'est la marque du génitif. Le ς de cette terminaison s'évapore après les radicaux à consonnes : τυπ-
τοντων au lieu de τυπτοντσων ; au féminin, τυπτουσα-

σων s'est transfiguré en τυπτουσα-ων, puisque la loi phonétique grecque détruit le ς placé entre deux voyelles, et on arrive à la contraction τυπτουσῶν pour τυπτουσα-ων ; le neutre du génitif est simplement τυπτόντων.

Le datif, primitivement un vrai locatif, possède la terminaison σ-ι, ce qui est tout à fait selon l'agglutination, un composé mécanique de ι locatif et de ς, τυπτοντσι, d'où il naîtra, selon la loi phonétique, τυπτονσι, τυπτουσι en masculin, τυπτονσα-σι en féminin, et τυπτούσαις quand le σι se transforme en ις.

L'accusatif, au contraire, place le signe du pluriel à la fin de la terminaison du cas : τυπτοντα-ς, τυπτουσαν-ς ou τυπτουσας.

Cette comparaison établie entre une déclinaison flexive et une déclinaison agglutinante suffit, je pense, pour démontrer la différence qui sépare les deux grandes classes de langues à l'égard du substantif, ce qui se démontrera plus encore à l'égard du verbe, véritable *âme de la phrase.*

Et d'abord, nous rencontrons ici, comme dans la dérivation des mots λεγ-ω et λογ-ο-ς, le symbolisme de la relation, la réduplication, la transformation des radicaux ; nous n'y trouvons plus, comme dans la classe agglutinante, la syllabe extérieurement accollée : en grec, λειπω, ελιπον, λελοιπα, d'un radical λιπ; en gothique, *greipa* (temps présent), *graip* (temps passé), *gripans* (participe passé), d'un radical *grip*; *nima* et *nam*, pluriel *némum, numans.* Cette formation revient fréquemment dans le sémitique; nous en parlerons tout à l'heure.

La flexion des personnes et des nombres diffère tout à fait de ce qu'on en voit d'analogue dans les idiomes agglutinants; chez ceux-ci, nous avons rencontré les personnes marquées par le *pronom* suffixe peu changé, et le pluriel souvent marqué par le signe du pluriel du *substantif;* ce qui ne peut être autrement puisque, dans les idiomes agglutinants, la différence du substantif et du pronom n'a fait que commencer. Dans les idiomes à flexion aussi, il est vrai, les terminaisons personnelles sont en rapport visible avec le pronom, mais les formes du verbe à flexion se distinguent à fond de toutes les autres; une force énergique a formé ici cette totalité indissoluble appelée *mot,* et on ne saurait plus se méprendre sur le profond contraste qui y règne entre le substantif et le verbe. Précisément, parce que l'unité du mot se maintient avec rigueur dans la flexion, on n'y saurait marquer tant de relations à un seul mot; tandis que les changements vraiment démesurés que les langues agglutinantes et incorporantes font subir à leurs verbes et substantifs, ne peuvent avoir lieu qu'aux dépens de l'unité du mot, comme, par exemple, dans la conjugaison turque. Le verbe à flexion accueillera donc moins de relations que le verbe agglutinant; de là, aussi, la grande difficulté de décomposer en éléments simples les formes à flexion. Les éléments exprimant la *relation* subissent, dans l'idiome à flexion, les changements les plus considérables, seulement pour conserver l'unité du mot. C'est à cause de ces énormes variations que nous croyons pouvoir nous dispenser ici de faire le tableau en détail des conjugaisons à flexion; tandis que la déclinaison à flexion, tout en se distinguant de la déclinaison agglutinante, offre cependant quelques faibles ressemblances avec celle-ci.

Nous allons entrer dans le domaine de nos langues modernes, des langues de la civilisation européenne, qui sont destinées à élaborer les idées régénératrices du monde et à les porter jusqu'aux dernières stations terrestres. Nous, les enfants du dix-neuvième siècle, disons donc avec raison : « Hors les idiomes européens d'aujourd'hui, point « de salut pour l'avenir du Genre Humain. » Tout en reconnaissant ce qu'il y a en eux de profondément vicieux, nous pouvons être justement fiers de nos idiomes; mais n'oublions pas de les étudier à fond et de les soumettre à la vraie critique, qui est étrangère à toute superstition nationale et à toute forfanterie capricieuse, à demi érudite ou ignorante.

La classe à flexion ne se compose que de deux souches : la *sémitique* et l'*indo-germanique*.

La classe monosyllabique, de même, a peu de représentants.

Très-nombreuse, au contraire, comme toute classe intermédiaire dans les règnes naturels, doit être la classe agglomérante ou agglutinante.

Les deux souches sémitique et indo-germanique sont dans la possession des peuples qui, jusqu'aujourd'hui, ont travaillé au premier rang à cette œuvre universelle et trois fois sainte qu'on appelle l'Histoire, ou le Développement de l'Humanité. Plus riche est l'*idiome* d'une nation, plus riche est, ou a été, la mission *historique,* politique, sociale, de cette nation. Nous remarquons toutefois que les peuples *les plus historiques,* pour ainsi dire, ont fini par user le plus leurs *idiomes.* La même puissance créatrice donc, qui s'était d'abord déployée avec tant d'abondance dans un magnifique idiome, s'en retire et se transporte plus tard dans l'a vité politique et sociale; de là, le délabrement très-visible des langues, jadis si riches des nations de premier ordre.

Le contraste qui existe entre les idiomes sémitique et indo-germanique se manifeste également dans la sphère purement intellectuelle et historique; le sémitisme, par exemple, ignore la vraie poésie épique, qui est si importante dans presque toutes les langues indo-germaniques; le sémitisme, c'est le berceau du monothéisme, tandis que la mythologie des Indo-Germains, qui avait pris son origine dans le culte de la Nature, supposait une pluralité d'êtres divins. Occupons-nous toutefois ici de la différence linguistique seule.

Guillaume de Humboldt dit dans son célèbre ouvrage *sur la langue de Kavi :* « Sous le point de « vue technique, l'organisme des idiomes sémiti- « ques est peut-être supérieur à tout autre. Quelle « rigueur pleine de conséquences! quelle simplicité « remplie de grâces! quelle accommodation raison- « née du son à l'idée! Et pourtant, ces idiomes ont « deux fautes graves, qui sont tout à fait en dehors « de ce qu'on doit demander rationnellement à une « langue. Les idiomes sémitiques, au moins, tels « qu'ils existent aujourd'hui, exigent trois con- « sonnes pour chaque radical, mais de sorte que « les consonnes et les voyelles ensemble ne con- « tiennent point la *signification ;* la signification « appartient exclusivement aux consonnes, la *rela-*

« *tion* appartient exclusivement aux voyelles. Il en
« résulte, pour la forme du mot, une gêne insup-
« portable à laquelle on préférera sans hésiter la
« liberté telle qu'elle se trouve surtout dans nos
« langues indo-germaniques..... Trois consonnes
« donnent à un radical une étendue, un volume,
« pour ainsi dire, qui invite à marquer les *relations*
« à l'aide des voyelles ; tandis que, après avoir une
« fois destiné les voyelles à remplir cette tâche, il
« ne reste pour exprimer les *significations* que de
« s'adresser aux consonnes. »

Ainsi donc, chez les Sémites, le radical ne saurait se manifester isolément ; il se compose de trois
consonnes. Là, où ce radical se montre avec une
voyelle ou avec plusieurs (chose évidemment nécessaire pour la prononciation humaine), ce radical
a déjà revêtu la forme d'un mot exprimant une
signification spéciale. Les trois consonnes hébraï-
ques *q t l,* par exemple, composent un radical
qui a la *signification* du verbe « tuer ; » mais
toute forme prononçable, dans laquelle les trois
consonnes en question se montrent, exprime déjà
une *relation* spéciale : *qtol,* par exemple, c'est
l'infinitif « tuer ; » *qotel,* le participe de l'actif
« tuant ; » *qatal,* la troisième personne du passé
« il a tué. » Cela est bien différent d'un radical

grec, par exemple, λιπ, qui se transforme en λειπω, « je laisse; » ελιπον, « je laissais. »

Il existe cependant, chez les Sémites, une variation quand il s'agit d'employer des moyens phonétiques pour marquer la *relation*. Les modifications de *relation* qui ressemblent à des changements de *signification*, les formes causative, réflexive, transitive et autres du verbe, la différence entre le verbe et le substantif, bref, la formation d'un radical ou d'un thème, la formation du mot proprement dite, se fait par une transfiguration *intérieure* du radical, soit avec des appendices extérieurs, soit sans eux. Les *relations*, au contraire, qui ne touchent point la *signification*, se marquent par des appendices *extérieurs*. Cela a lieu dans la formation des cas, qui se fait presque toujours à l'aide de prépositions ajoutées; cela se voit également dans la conjugaison, qui se fait par l'adjonction des pronoms.

Les deux manières différentes, dont je viens de parler, se basent, il est vrai, sur une différence intellectuelle, idéale; mais il en résulte une étrange non-conformité phonétique.

On y trouve, en effet, d'un côté, le principe de la flexion, l'union des expressions phonétiques de la relation et de la signification, poussée tellement loin, qu'elle fait même tort à leur différence qui est aussi primitive et nécessaire à l'essence de la flexion ; tandis que, de l'autre côté, la déclinaison à flexion réelle n'y existe pas, parce que les cas se marquent à l'aide des prépositions.

Le verbe, de même, s'attache les pronoms dans sa conjugaison personnelle d'une manière si palpable, pour ainsi dire, qu'on peut être tenté d'y voir une agglutination et non une flexion. Le sémitisme ne sait donc pas suivre la route régulière et mesurée de l'indo-germanisme ; il a beaucoup de facilité à former des racines, mais l'indo-germanisme est plus capable que lui de former des mots composés, ce qui vaut assurément mieux.

Chez les Indo-Germains, nous trouvons par conséquent la notion du mot exprimée dans une unité phonétique qui correspond avec l'idée, unité parfaite de signification et de relation.

L'unité du mot indo-germanique est l'unité vraie, résultant de la différence entre la signification et la relation. Cette véritable unité organique à flexion n'est plus, comme chez les Chinois, une identité monotone du son de signification et du son de relation ; cette unité à flexion est de même supérieure à la différence dissolue et dissonnante qui se rencontre dans les idiomes agglutinants.

Voilà donc une différence fondamentale entre le sémitisme et l'indo-germanisme, et qui, selon mes recherches, ne saurait guère être contre-balancée par la flexion qui leur est commune, ni par les quelques douzaines de radicaux qui se ressemblent des deux côtés. On serait trop hardi d'en inférer l'origine identique de ces deux souches. La patrie primitive de l'une était si peu éloignée de celle de l'autre race, qu'on peut très-bien par ce simple fait géographique expliquer beaucoup de leurs ressemblances et de leurs coïncidences en mythes, en contes populaires, en dénominations, etc. Voulez-vous absolument soutenir l'opinion de leur origine commune, alors vous devrez aussi soutenir celle de bien d'autres langues, ou plutôt de toutes ; il y a plus ou moins de coïncidences entre toutes. On voit dans la nature des corps organiques, par exemple, les espèces d'une classe d'animaux qui se ressemblent entre elles : tous les mammifères se ressemblent, tous les oiseaux se ressemblent, tous les poissons se ressemblent ; il y a là une gradation en ligne ascendante ou descendante qu'on fera bien de comparer à celle de toutes les langues. Mais il ne s'ensuit pas, ce me semble, de conclure de là à un être primitif *mélangé ;* ainsi, de dire, par exemple, que les deux genres voisins, connus sous les noms de *bœuf* et de *cerf*, ont pris leur origine dans un animal mélangé, dans un bœuf-cerf ou cerf-bœuf.

Cela nous conduirait directement à faire descendre tous les mammifères d'un mammifère primitif, tous les oiseaux d'un oiseau primitif, tous les poissons d'un poisson primitif, etc. C'est comme qui ferait dériver d'un soi-disant Dieu unique toute la nature, ou, en d'autres termes, tout ce qui existe.

Le bœuf-cerf ou cerf-bœuf, l'oiseau primitif, l'arbre primitif, etc., sont des produits aussi fantastiques que le serait la langue primitive sémiticogermanique.

Pott (dans son livre sur la souche indo-germanique, *Encyclopéd*. de Ersch et Gruber, p. 19) a tiré un parallèle entre les organismes des langues et ceux des règnes naturels; mais ce grand et savant penseur se trompe, à mes yeux, quand il s'écrie : « Il peut y avoir des idiomes bâtards dans les degrés les plus divers. » Il en infère une différence essentielle entre les organismes naturels et les organismes linguistiques. Quant à moi, je demande à Pott de me montrer n'importe quelle langue *bâtarde*. Il n'y en a point, puisque l'*essence intérieure* d'un idiome ne subit jamais et nulle part une altération quelconque par l'adoption et même par l'invasion de certains mots étrangers; cela ne regarde que le dictionnaire et point la grammaire, c'est-à-dire, l'âme ou la vie du sang et des nerfs de cet idiome.

I.

SOUCHE SÉMITIQUE.

Les langues issues de cette souche ont plus de ressemblance entre elles que n'en ont les langues issues de la souche indo-germanique.

La dénomination de *sémitique* vient de Sem, fils de Noé, d'après les anciennes généalogies nationales qu'un livre hébraïque, intitulé *la Genèse*, s'est plu à étaler.

La souche sémitique domine dans l'Asie sud-ouest; de là, elle a poussé sous le règne des Arabes vers l'Afrique et vers l'Europe. Les Juifs, dispersés partout, n'ont pu établir leur idiome en idiome national. La plupart des langues sémitiques sont effacées : c'étaient l'araméen (c'est-à-dire, le syrien et le chaldéen), l'hébreu, le phénicien, l'arabe (l'éthiopien). L'arabe existe encore; un dialecte arabe, celui de l'île de Malte, est le seul représen-

tant sémitique en Europe. On a eu tort d'appeler
le dialecte maltais un résidu phénicien (1).

II.

SOUCHE INDO-GERMANIQUE.

C'est elle qui est la mère de la plupart des langues européennes, des langues qui manifestent
avec le plus de clarté l'essence de la Parole Humaine.

Le nom d'*indo-germanique* doit être maintenu,
parce qu'il est fort usité, et qu'il s'est efforcé d'embrasser toute l'étendue de la race en désignant à la
fois ses deux localités extrêmes : depuis les Indes
orientales jusqu'à la Germanie, du sud-est au nord-
ouest. Remarquons, cependant, que cette dénomination oublie le celtique, situé encore plus vers
l'ouest.

On n'aurait pas le droit, du reste, de s'opposer à

(1) Voyez l'*Essai sur la langue des Maltais*, par Gésénius.
11.

l'introduction d'une désignation meilleure ; mais celles qui ont été proposées jusqu'aujourd'hui, il faut le dire, sont détestables : *indo-européen*, nom en vogue chez les auteurs non-germaniques, pourrait induire dans l'erreur que toute langue parlée en Europe était de cette souche ; *arien* (du sanskrit *ârja*, du zend *airja*), n'appartient qu'aux familles gango-indienne et iranique ; le nom de *sanskritain* ferait subsister le vieux préjugé que toutes les langues de cette souche viennent du sanskrit ; le nom de *japhétique* serait une plaisanterie biblique, qui, en outre, renfermerait une erreur scientifique.

Il est triste de le dire, mais il faut qu'on le sache enfin, l'opposition que les savants slaves et autres font à la dénomination d'*indo-germanique*, vient presque toujours d'une mesquine ambition nationale ; ils ne veulent pas permettre à la race germanique de placer son nom à côté de celui de la race gango-indienne.

Des Allemands, c'est-à-dire des Germains, ont les premiers étudié d'une manière méthodique toutes ces langues en question, et ouvert une nouvelle époque à la linguistique. Hors la méthode, point de salut ; on peut, sans doute, lancer des jeux de mots, des comparaisons arbitraires, des déductions capricieuses, mais qu'on n'ose jamais

nous présenter ces fantaisies comme de la science.
Nous nous abstenons ici de citer les noms, même
vénérables sous d'autres rapports, de certains
pseudo-*linguistes* modernes ; leur puérilité nous
cause exactement le même malaise que celle des
pseudo-*naturalistes* du moyen âge et de l'antiquité,
qui n'ont su que rêver et radoter sur les animaux,
les végétaux et les minéraux. Seulement ces anciens
naturalistes étaient excusables ; les faux linguistes
modernes ne le sont pas (1).

Les langues indo-germaniques peuvent être ran-
gées, d'après des lois phonétiques communes, dans
un grand nombre de divisions et de subdivisions.
Elles ont chacune hérité des biens de leur mère,
mais l'héritage s'est inégalement distribué parmi
les filles ; plus nous reculons à l'est, plus nous rencontrons de cet héritage, et la langue sanskrite
en a conservé plus qu'aucune de ses sœurs, tandis
que la langue celtique, la plus occidentale de toutes, s'est éloignée le plus du type indo-germanique.

____

(1) *Voyez* avant tout Franz Bopp, *Sur le système de la conjugaison en
sanskrit, en latin, en perse, en grec et en germanique* ; 1816, Francfort.
— Du même, *La grammaire comparative du sanskrit, du zend, du grec,
du latin, du lithuanien et de l'ancien slave* ; 1833, Berlin (inachevé). —
Pott, *Etymologische Forschungen auf dem Gebiete der indo-german.
Spraehen* ; 2 vol. Lemgo, 1833 et 1836.

La patrie primitive des Indo-Germains a été la contrée élevée qui s'étend des montagnes Moustag et Bélourtag vers l'ouest, vers la mer Caspienne (1). Les peuples occidentaux ont probablement commencé cette longue émigration : les Perses et les Indiens, désignés ensemble sous le nom d'Ariens, étaient les derniers, et peuvent être regardés comme le reste de la population indo-germanique primitive.

Seulement, gardons-nous de chercher la demeure primitive dans l'Inde orientale même; les Ariens de l'Inde ne sont que des immigrants qui ont refoulé les authocthones indiens. Notre hypothèse se fonde également sur la langue, sur le mythe et sur la situation du terrain.

Nous croyons reconnaître plusieurs paires. La paire *arienne* est composée des Indiens (Hindous) et des Iraniens, appelée, d'après le nom d'*árja,* en zend *airja,* que ces nations-là se donnaient dans le commencement.

La paire *pélasgique* se compose des Grecs et des Romains; la langue grecque primitive était extrêmement rapprochée de la langue latine; ce n'est

(1) *Voyez* Lassen, *Indische Alterthümer,* sur la demeure primitive des Indo-Germains, principalement des Aricus (I, 526).

que plus tard que la séparation s'y est introduite.

La paire *slavo-lettone* ou *livone* se compose des Slaves et des Lettons ou Livons.

Quant à la famille germanique et à la famille celtique, il faut les étudier isolément; elles ne se resblent pas beaucoup.

La paire arienne.

I. — Famille indienne.

Parmi toutes les familles indo-germaniques, celle de l'Inde orientale, la plus reculée de nous, a été conservée à l'observateur avec la plus grande exactitude par des documents nationaux. Cette langue, le sanskrit, est donc importante pour l'historien des langues; elle l'est aussi, par une structure claire et logique, pour l'anatomiste et pour le physiologiste des langues.

Le sanskrit est évidemment l'exemplaire le plus parfait de toute la classe à flexion.

Nous connaissons à fond aujourd'hui le sanskrit de la plus haute antiquité; les livres sacrés des

Indiens, les Védas, nous montrent non-seulement une société primitive, mais aussi la langue primitive, langue qui témoigne elle-même de sa haute antiquité, et qui, en phonétique, en grammaire et en dictionnaire, diffère beaucoup de ce qu'on a appelé le sanskrit classique.

De la même manière que le latin donna le jour à ses langues-filles, dites les langues romanes, le sanskrit produisit des langues qui devenaient des idiomes populaires et de conversation; tandis que le sanskrit restait la langue sainte, la langue des savants (1). Les filles aînées de la langue sanskrit sont le pali, langue des livres bouddhistes dans l'île de Ceilan et dans la presqu'île indienne d'au delà du Gange; d'après l'opinion de Lassen, la forme la plus ancienne de la langue populaire dans l'Indostan occidental, entre la Jamouna et la Vindja, enfin les dialectes nombreux connus sous le nom général de prâkrit. Ces dialectes du prâkrit nous sont conservés dans le drame indien, qui les fait parler à des personnes inférieures : ce sont les idiomes nommés mahârâchtra, çaurasenî, mâgadhi (celui-ci est attesté comme idiome populaire par les inscriptions faites par le roi Açôka au iiie siècle

____

(1) Comme le latin en Europe pendant tant de siècles.

avant notre ère), paiçâki, etc. Toutes ces langues, issues du sanskrit, sont pour ainsi dire le moyen âge des Indiens; elles n'existent plus, elles ont fourni depuis longtemps des matériaux à la construction d'autres langues. Les langues actuelles qui descendent en si grand nombre du sanskrit, lui ressemblent encore moins; elles sont les filles des filles, les petites-filles du sanskrit. Lassen en a compté vingt-quatre, abstraction faite du hindi et du hindoustâni (ourdou); ces idiomes sont surchargés de mots arabes et perses; plus purs sont le hindi et le bridj-bhâkhâ, tellement en vogue qu'on peut lès appeler le français des Indes orientales; puis le bengâli, le pendchabe ou sikh, le gouzérate, le mahârâchtra ou maratte, etc. Enfin, le zingaris, ou tzigaïne, ou bohémien ou gipsy.

Zingari ou Tzigaïne (1).

Il ne faut pas se le dissimuler, le maintien non interrompu de l'idiome tzigaïne primitif par cette population, qui est flottante depuis tant d'années, présente un fait extraordinaire.

(1) *Voyez* Pott, *Die Zigeuner in Europa und Asien.* 2 vol., 1844 et 1845, Halle.

La carcasse de cette langue s'est conservée intacte, les mots intrus n'y ont rien fait. Les Tzigaïnes ont plus de noms qu'aucune autre peuplade; la France, les croyant venus du royaume slave des Tchèques ou Bohèmes, les appela *Bohémiens*; l'Angleterre, les croyant venus d'Égypte, leur donna le nom de *Gipsies*, c'est-à-dire Égyptiens; l'Allemagne les appelle *Zigeuner*; d'autres nations les appellent Tsingaris, Gitanos, et ainsi de suite. Eux-mêmes se donnent aussi des noms divers : par exemple, *Sinte* (probablement abrégé de *Saïndhava*, habitant du fleuve indien Sindhou ou Indus), ou *Rôm* (signifie entre autres *un homme*), ou *Kâlo* (de leur teint foncé, en sanskrit *Kâla*), etc., etc.

Ils se trouvent en Asie, en Europe, en Afrique, et peut-être en Amérique. Parmi les Européens ils apparurent au commencement du xve siècle; ainsi, en Allemagne, vers 1422, chassés de l'Inde par les dévastations de Timour, khan des Tatares et vainqueur du sultan turc Bayézid à Nicopoli. Voici ce que Pott et d'autres glossologistes ont dit de l'idiome tzingari ou tzigaïne :

Toujours et partout cet idiome est le même, abstraction faite des bigarrures fort bizarres produites par l'influence des langues de ceux parmi lesquels ils habitent.

Cet idiome fut souvent appelé un idiome conventionnel ou artificiel de brigands et de voleurs; c'est une erreur. Il est réellement un idiome naturel.

Cet idiome n'appartient point à la langue cophte ou égyptienne, mais bien à celle de l'Inde septentrionale aux bords du fleuve Indus; il reste donc, même dans sa dépravation actuelle, un membre de la grande famille du Gange, un fils égaré de cette mère sublime et magnifique, appelée sanskrit.

Les formes des flexions et les mots montrent la descendance indienne des Tzigaïnes : *rouk*, l'arbre, en sanskrit *vrksâ*, en prâkrit *roukha ;* le tzigaïne est donc en rapport avec le sanskrit par l'intermédiaire des langues indiennes modernes, chose qui se démontre encore par beaucoup d'autres exemples : *bersch*, l'année, et *brschno*, la pluie, du mot sanskrit *varsâ* qui possède ces deux significations à la fois : *manousch*, l'être humain, en allemand *mensch*, en sanskrit *mânousá; perjas*, la plaisanterie, en sanskrit *parihâsa ; angar*, en sanskrit *angâra*, le charbon; *agouszto*, en sanskrit *angoustha*, le doigt; *krmo*, le ver, en sanskrit *krmi; czorav*, en sanskrit *czórajâmi*, commettre un vol; *szing*, en sanskrit *çringa*, la corne (l'*r* s'efface souvent en tzigaïne); *széro*, en sanskrit *çiras* la tête ; *szoszoj*, en sanskrit *çaça*, le lièvre ; *ritsch*, l'ours, en sanskrit *rks'a* ; *rat*, en sanskrit *râtri*, en prâkrit *ratti*, en hindostani *rât*, la nuit ; *roupp*, en sanskrit *roupia*, l'argent (le métal) ; *doukh*, en sanskrit *doukha*, la douleur ; *doosh*, en sanskrit *dôsa*, la faute, le défaut ; *mel*, en sanskrit *mala*, la saleté ; *moûtera*, en sanskrit *moûtra*, l'urine, et ainsi de suite. Presque tous ces mots existent dans les idiomes hindi et hindostani. Il n'est donc plus permis de douter de l'origine des Gitanes.

2. Famille iranique.

Le nom d'Iran vient, d'après les lois phonétiques, du mot *âria* ; il embrasse des peuplades qui, tout en tirant leur origine de la famille du Gange, c'est-à-dire des Indes orientales, en diffèrent pourtant par des lois acoustiques particulières. Ainsi, par exemple, les consonnes *d* et *t*, ces muettes dentales, deviennent *s* devant *t :* sanskrit *baddha* lié, vient du radical *bandh* lier, avec la terminaison -*ta*, mais en iranique le *d* se change ici en *s* et nous voyons en zend *baçta*, en perse primitif (dans les inscriptions cunéiformes) *basta*, enfin en perse moderne *beste*. Un *sv* primitif devient un son gut-

tural : sanskrit *svasr*, la sœur, en néo-perse *cháher ;*
on y rencontre des consonnes sibilantes moyennes :
sanskrit *aham*, je, zend *azem ;* sanskrit *mih* uriner,
zend *miz*, latin *mingere ;* un *s* primitif devient *h*
d'après une loi acoustique qui existe aussi entre le
grec et le latin : sanskrit *saptan*, le nombre sept,
latin *septem*, allemand *sieben*, zend *hapta*, grec
ἱπτα, perse moderne *heft ;* sanskrit *sam*, perse primitif *ham*, perse moderne *hem*, allemand *samt*, avec.

Les deux langues principales antiques sont le
zend, langue des livres sacrés (*zend-avesta*) des
Persans ; et le perse ancien, langue de toutes les
inscriptions cunéiformes si volumineuses, maintenant déchiffrées, que les rois akhménides ont lais-
sées à la postérité.

Parmi les langues modernes de la famille d'Iran
il faut d'abord citer le néo-perse avec une littérature très-riche ; mais son dictionnaire fourmille
de mots arabes et sa grammaire est devenue pauvre.
Puis la langue courde, qui n'est guère éloignée du
néo-perse ; plus éloignée est le pouchtou, idiome
des Afganes. Plus éloignée encore est la langue des
Arméniens, mais elle est un enfant iranien, par ses
lois phonétiques et par son dictionnaire.

Le type d'Iran se conserve assez pur chez les
Ossètes, petite peuplade séparée de la grande fa-

mille, et située comme un îlot aux frontières de l'Europe.

Ossétique (1).

C'est à peu près au centre du Caucase, entouré de peuplades caucasiques, à l'ouest limité par des Tatares, que ce petit peuple montagnard existe; il s'appelle Iron, de son vrai nom de famille Iran. Sa langue se divise en trois dialectes : celui des Digoriens, des Ossètes du sud et des Tagaoures; il est trop sauvage pour cultiver la littérature.

Arménien (2).

Sur toute l'étendue de l'Europe orientale, les Arméniens, enfants de l'Asie, se sont dispersés comme négociants fixés et ambulants, il est vrai, mais non sans se concentrer par-ci par-là, princi-palement parmi les Hongrois, dans des colonies

(1) Sjögren, *Ossetische Grammatik nebst Wörterbuch;* 1844, Saint-Pétersbourg. — Rosen, *Osset. Spraehlehre, Lemgo und Detmold,* 1846.

(2) Petermann, *Grammatica linguæ armenicæ;* 1837, Berlin. — Windischmann, *Die Grundlage des Armenischen im Arischen Sprach-stamme; Abhandlung der ersten Classe der Königl. bairischen Academie der Wissenschaften;* Bd., IV, 2. — A Venise ont été publiés beaucoup de dictionnaires et de grammaires.

assez considérables. Abstraction faite de leur célèbre couvent méchitariste, dans l'île Saint-Lazare, à Venise, avec la grande imprimerie nationale, et de tant d'autres endroits arméniens en Russie, en Gallicie, en Hongrie, et dans la Turquie européenne, il faut mentionner avant tout quatre colonies : celle en Russie méridionale aux bords du fleuve Don, près son embouchure à la mer d'Azof, la ville Nachitchévan avec des villages ; trois autres colonies en Transylvanie, appelées Samochouïvar (Armenopolis), Sin Miklosch, et Ebeschfalva. Les Arméniens se donnent le nom *Haï*, au pluriel les *Haïk ;* leur pays s'appelle chez eux *Haïastan*, c'est-à-dire le pays des *Haïk*. Leur alphabet est basé sur l'alphabet grec ; leur littérature est riche, surtout en ouvrages ecclésiastiques et historiques.

La paire pélasgique.

(Gréco-Latine.)

Nous entendons ici par *pélasgique* ce que les langues grecque et latine ont de commun. Or, pour posséder ensemble un fond linguistique, il faut bien que ces langues aient jadis pris origine dans ce fond primitif. Ce fond commun est une modification particulière de l'indo-germanique.

Le latin a conservé un caractère beaucoup plus antique que le grec, surtout le grec classique; les dialectes les plus anciens du grec, par exemple celui des Éoliens, ressemblent au latin bien plus que les dialectes récents du grec. Pendant longtemps tous les philologues se sont creusé la tête afin de déduire le latin du grec; c'est là une entreprise dépourvue de bon sens aux yeux des linguistes. On pourrait, en effet, mieux prouver que le grec est provenu du latin. Mais l'un de ces efforts scientifiques est aussi vain et inutile que l'autre. Si, comme vous prétendez, le latin dérive du grec, d'où lui sont alors venues les formes plus antiques et étrangères au grec? Observez donc des langues qui dérivent d'une mère : l'italien, enfant du latin, n'est-il pas au latin dans un tout autre rapport que le latin au grec? Certes, la charpente du latin est construite d'une manière tellement unitaire, qu'il n'est plus permis d'y voir un mélange, pas même une dérivation. Le grand historien de Rome, Niebuhr, a commis cette erreur vraiment singulière de vouloir baser son opinion du *mélange* de la langue latine sur la coïncidence des mots qui servent à l'agriculture, à l'horticulture, etc.

Mais toutes ces expressions terminologiques, loin d'être spécialement grecques, appartiennent à la souche indo-germanique en général : *ovis* le mouton, en grec ὄϝις avec le ϝ ou digamme, en sanskrit et en lithuanien *awis; arare* labourer, en grec αρόω, en lithuanien *arti; canis* le chien, en grec κυων, en sanskrit *çvan* avec le cas génitif *çunas*, etc.

Chacune de ces deux langues, latine et grecque, a des lois phonétiques particulières. Le grec possède presque toujours le son secondaire, le latin conserve le son primitif. Le latin, par exemple, garde le *s* là où le grec le change en *h*, s'il ne le rejette tout à fait : *sus*, grec ὗς, le cochon; *septem*, grec ἑπτά, sept; la terminaison *-arum* de *-asum* (le *s* entre deux voyelles devient *r* en latin), en grec ῶν avec omission des consonnes. En général, le grec n'est pas aussi riche que le latin et les langues latinisantes en sons aspirans; le grec en a perdu le *v* et le *j* (prononcé avec une douce aspiration) et une troisième, le *s* (*h*) l'embarrasse tellement qu'il s'en défait le plus tôt possible. Le grec, il est vrai, possède une série d'aspirées qui manquent au latin, au lithuanien, au slave : le latin primitif ne connaît pas *ch* (χ), *th* (ϑ), *ph* (φ); mais cet avantage ne lui sert guère. Au reste, la différence capitale du système des consonnes grecques et latines est, que le grec garde les aspirées en rejetant les spirantes (1), tandis que le latin fait le contraire en rejejetant les aspirées et en gardant les spirantes. De pareilles lois spéciales séparent deux idiomes coordonnés; mais quand on recherche les lignes de démarcation entre deux idiomes dont l'un est dérivé de l'autre, on y rencontre des lois bien autrement constituées.

3. Famille hellénique.

A l'exception du lithuanien, tous les autres idiômes indo-germaniques actuellement en usage ne sont plus depuis bien longtemps dans l'âge de la beauté. L'activité sociale de ces nations, l'immense travail de la civilisation occidentale dont elles seules ont été les producteurs infatigables, a retiré l'esprit à leurs idiomes pour l'appliquer aux rudes efforts de l'histoire; ces idiomes ont ainsi

(1) Le grec ancien procéde ici avec beaucoup d'exactitude; le grec moderne n'a pas de *h* non plus (*h* c'est le *spiritus asper*) dans la langue de conversation.

fini par succomber aux lois de l'assimilation et de la contraction; leurs formes, jadis si précises, ont été rongées et usées ; leurs brillantes couleurs ont été ternies et effacées. Cette destruction est quelquefois très-vieille; chez les Grecs, elle a évidemment commencé longtemps avant notre ère ; le grec qu'on appelle *ancien* ou *classique* en le distinguant du grec *moderne* d'aujourd'hui, montre déjà aux observateurs les traces d'une altération profonde. Le grec dit *ancien classique,* par exemple, n'aime pas les aspirantes (*h, j, v*), tout comme certaines langues modernes. Le prakrit, les idiomes romanisés d'aujourd'hui et le grec classique ont cela de commun qu'ils refusent d'accepter le *j ;* voilà trois langues, à plusieurs milliers d'années de distance, qui, arrivées à une époque analogue chacune dans sa carrière, sont forcées par la nécessité intérieure de leur organisation de subir des changements analogues. De là, il résulte pour le grec classique des abréviations quelquefois tout à fait méconnaissables : ἵζη pour ἵζε-αι, tu t'assieds, ce qui vient du sanskrit *sedjesai*. — La présence de l'article aussi annonce la période secondaire dans le développement d'une langue.

Cet état de choses avait été précédé par un autre, de même que le culte mythologiste des idoles l'a été par le culte de la nature, de même que la poésie épique des héros l'a été par les poëmes du rituel des prêtres. Mais l'état primitif de la langue grecque ne nous a pas été marqué par des documents linguistiques ; les Grecs ne se servirent que bien tard de l'écriture qui leur fut apportée de l'étranger, tandis que chez les Indiens du Gange, la littérature représente même l'époque indienne primitive. En Grèce, cette époque est appelée l'époque des Pélasgues, mot qui signifie ici la plus haute antiquité, ce que les Romains appellent *priscus*. A cette époque, les Grecs étaient déjà possesseurs d'un idiome séparé des autres idiomes indo-germaniques, mais ce n'est que bien plus tard que cet idiome primitif commençait à se séparer en lui-même et à produire des groupes plus ou moins éloignés du type primitif. Ces groupes sont des dialectes, nous les connaissons. Les dialectes des Doriens et surtout des Éoliens gardent beaucoup de formes primitives ; les dialectes ionique et attique s'en éloignent. Semblable à ce qu'on voit dans les idiomes indo-germaniques, la différence dialectique se manifeste dans les idiomes grecs particulièrement par le radoucissement si fréquent du τ primitif, qui se change en sibilantes correspondantes : ainsi τύ devient σύ, φατί devient φησί, τύπτοντι devient τύπτουσι, ὄδδει devient ὄζει, etc. Cette époque du dialectisme en grec coïncide avec celle de la littérature classique; nous l'appelons l'époque *hellénique*. Plus tard, de tous les dialectes, celui des Athéniens prédominait seul. Mais ce dialecte attique, devenu la propriété universelle de tous les Hellènes, fut peu à peu altéré par des Hellènes qui n'étaient pas Athéniens; ce dialecte attique, en état d'altération lente mais inévitable, reçut le nom de dialecte commun, ἡ κοινή διάλεκτος. Plus tard encore, ce dialecte *commun* à tous devenait aussi la langue des nations qui n'étaient pas des Hellènes; elles lui implantaient des tournures grammaticales usitées chez elles, des soi-disant *barbarismes* et *solécismes;* il reçut alors le nom de langue *helléniste* et *byzantine.* Après la destruction de l'empire byzantin, ou comme il s'appelait, de l'empire *romaïque,* c'est-à-dire romain, il ne restait plus qu'un idiome déchu.

La langue actuelle, le grec moderne, qui continue de s'intituler ἡ ῥωμαικη γλῶσσα, a souvent été l'objet des recherches : par exemple, de Roussiades (*Practische Grammatik der neuhellen. Sprache,* Wien, 1834, 2 Bde.); de Martin (*Kurze Anleitung zur Erlernung des neugriech. Dialectes,* Passau 1843) ouvrage court mais très-recommandable pour ceux qui savent le grec classique. Schmidt enfin a publié plusieurs dictionnaires à Leipzig, en 1837 et 1840, pour l'usage des Français, des Allemands et des Néo-Grecs.

Ce grec moderne, surtout comme langue écrite, est bien plus rapproché de l'ancien grec que les langues romanes ne le sont du latin. Beaucoup de modifications matérielles, qui distinguent les jeunes langues *romanes* de la vieille langue *romaine,* s'étaient déjà glissées dans la langue grecque quand la première période, dite pélasgique, finissait ; ces modifications contribuaient ainsi à la création du grec classique. Ajoutez-y les changements de prononciation qu'on faisait peu à peu subir aux voyelles, et qu'on ne jugeait point à propos d'introduire dans l'écriture une fois reçue ; ce sont des changements que nous ne pouvons que deviner en étudiant le rapport entre la prononciation et l'écriture. J'entends parler, par exemple, de la prononciation en ι de ει, οι, η, υ, ce qui paraît avoir eu lieu pour η de très-bonne heure, vu la manière dont certains mots grecs sont rendus dans d'autres idiomes. Ce qui est ici hors de doute, c'est que déjà de très-bonne heure on a prononcé une voyelle double en *éta.* L'*ypsilon* (υ) doit avoir été prononcé primitivement comme ου ; bientôt, toutefois, il fut modifié en *ü* chez les Hollandais et chez les Français. Il en était de même de la prononciation changée de certaines consonnes, ce qui doit avoir commencé également de bonne heure : le *zéta* (ζ) comme le *z* français ; le *théta* (ϑ) devenait un *th* des Anglais après avoir été primitivement prononcé comme un *t* avec un *h*. Le *phi* (φ) devenait un *f*, ce qui n'existait pas du temps de Cicéron.

Un événement d'importance fut le remplacement de la *prosodie* par l'*accent ;* chez les Grecs modernes chaque syllabe accentuée est une syllabe longue, et chaque syllabe est courte quand elle n'a pas d'accent. C'est là un fait fort ordinaire dans l'histoire des idiomes qui ont dépassé leur jeunesse.

A toutes ces altérations s'ajoutaient peu à peu la dégénération dans les conjugaisons et dans les déclinaisons, et l'intrusion de mots étrangers. Ici, toutefois, la différence avec le grec classique est beaucoup moindre que celle du latin avec les langues romanes. Cette partie de la modernisation s'est faite en grec d'une manière tout autre que celle du latin ; la déclinaison en grec moderne s'est conservée, celle du latin n'existe plus dans les langues latinisées ; le datif, il est vrai, est peu usité dans la langue grecque ordinaire d'aujourd'hui. Sa conjugaison se rapproche, pour la plupart, du grec ancien ; certains temps toutefois doivent être circonscrits par la voie analytique : εἶχον γράψη moderne pour l'ancien ἐγεγράφειν, j'avais écrit ; θέλω γράψει moderne pour γράψω, ancien, j'écrirai ; et ἤθελον γράψη je voudrais écrire. Le duel de la déclinaison et de la conjugaison a cessé d'exister, de même l'optatif, et on ne se sert jamais de la forme ancienne de l'infinitif. On a toutefois conservé le passif.

Quant au vocabulaire moderne, il dispose nécessairement de beaucoup de termes impossibles au grec ancien. Dans le style solennel, dans la conversation soignée, on s'abstient scrupuleusement de toute expression turque et on ramène les anciennes formes de flexion, de sorte qu'il n'y a qu'une limite bien vague à l'heure qu'il est entre le grec ancien et le néo-grec.

Le grec se parle aujourd'hui aux îles de l'Archipel, aux îles du rivage occidental jusqu'à Corfou, dans la péninsule de Morée, et sur la côte orientale depuis Morée jusqu'au nord de Constantinople ; mais, sur cette côte, la continuité de la langue est souvent interrompue par des colonies turques. Il se parle aussi près Taganrog, non loin de la mer d'Asof en Russie, parmi un petit nombre d'habitants ; un nombre plus considérable de Grecs situés entre des Slaves et des Turcs se trouve à la côte occidentale de cette mer, au sud de Taganrog. En Asie-Mineure, on rencontre une zône de population grecque qui entoure cette presqu'île tout entière; elle commence en face de l'île de Chypre, habitée par des Grecs, s'étend vers l'ouest, remonte au nord, et finit à l'est à l'embouchure de la rivière Kizilirmak dans la mer Noire; l'intérieur de l'Asie-Mineure n'appartient qu'à la langue turque.

Albanais (1).

Les Albanais passent ordinairement pour les descendants des anciens Illyriens; leur langue a été jugée des manières les plus diverses. Je la considère comme indo-germanique, mais elle est tombée dans un état déplorable. Ses pronoms, ses nombres, ses terminaisons de flexion en déclinaison et en conjugaison, prouvent qu'elle appartient à la souche indo-germanique; elle renferme aussi beaucoup de mots indo-germaniques, soit albanisés, soit indigènes. Quant à l'orthographe, on exprime par *ε* le son de l'*u* anglais dans le mot anglais *but*,

____

(1) *Voyez* Xylander, *Die Sprache der Albanesen;* 1835, Francfort.

presque comme un *eu* français ; on exprime par σ̈ le *ch* français ; par ν le *ng* français comme dans le mot français *la vigne ;* par ϝ le *g* allemand ou le *ghi* ou *gui* français. Ainsi, on trouve ἔσ̈τε (prononcez en français *euchte*), ὄστεον en grec ancien, l'os ; δ̓ροῦ (1), δρῦς en grec ancien, le bois ; ν̓ιερὶ, l'être humain, ἀνὴρ en grec ancien ; ϝρούα, en grec ancien γραῦς, la femme.

Voici les cinq premiers nombres :

ALBANAIS.	GREC ANCIEN.	ALBANAIS.	GREC ANCIEN.
1 νιὲ,	εἶς de ἑν-ς.	Premier πάρε,	πρῶτος.
2 δὶ,	δύο.	Deuxième δίτε,	δεύτερος.
3 τρὶ,	τρεῖς.	Troisième τρέτε,	τρίτος.
4 κάτερ,	τέτταρες, en latin *quatuor.*	Quatrième κάτερτε,	τέταρτος.
5 πέσε,	πέντε.	Cinquième πέσετε,	πέμπτος.

Je me fais même fort de démontrer, sinon à l'évidence, du moins à la plus haute probabilité, que l'idiome albanais a sa racine dans la souche pélasgue. On pourrait croire que l'albanais est plus voisin du latin que du grec : le grec ὑπέρ, *hyper,* devient σίπερ, en latin, *super,* sur, car la loi phonétique des Grecs change en *h* le *s* qui commence un mot ; de même κίντ, cent, en grec ἑκάτον, en latin *centum ;* ἐ, en latin *et,* et, en grec καί ; πάς, *post* en latin, après ;

---

(1) Le δ se prononce comme un *d* ordinaire.

mais μὲ est le grec μετά, en latin *cum*, avec. Il y a toutefois d'autres motifs qui, à mes yeux, rangent l'albanais dans le giron de la langue pélasgo-grecque, et non dans celui de la langue pélasgo-latine. Je donne ici l'analyse de la déclinaison d'un adjectif avec son article.

L'adjectif déterminé se décline avec un appendice pronominal comme chez les Slaves, les Lithuaniens, etc. L'adjectif indéterminé des Albanais est devenu presque incapable de subir la flexion ; on ne remarque en lui que le nombre singulier ou pluriel. Cette déclinaison de l'adjectif est essentiellement encore celle du substantif qui, lui aussi, transporte à la fin le pronom, c'est-à-dire l'article. En expliquant la déclinaison de l'adjectif, nous expliquons donc en même temps toute la déclinaison albanaise. Le pronom-appendice est, à coup sûr, ce pronom démonstratif qui sert en grec d'article ; cela se fait voir clairement par le changement de la lettre initiale, qui répond à celui de la lettre initiale en grec. Le datif manque.

MASCULIN.

SINGULIER.

ALBANAIS.	ARTICLE GREC.
Nominatif : ἰ μίρρ-ι.	ὁ-ὁ, le bon.
Génitif : τὲ μίρρι-τ.	τοῦ-τοῦ, du bon.

ALBANAIS.

Accusatif : τὲ μίῤῤινε.

ARTICLE GREC.

τὸν, le bon.

PLURIEL.

Nominatif : τὲ μίῤῤε-τε.

τοί-τοί. Le τ est conservé en albanais ; cette lettre était la
forme primitive et régulière
en grec, au lieu du *h* en οἱ,
chose qui résulte du dialecte
dorien et des autres langues
indo-germaniques.

Génitif : τὲ μίῤῤεϐ-ετ.

τῶν-τῶν. Cet εϐ indique le génitif pluriel.

Accusatif : τὲ μίῤῤε-τέ.

τοὺς-τούς.

FÉMININ.

SINGULIER.

Nominatif : ἐ μίῤῤε-για.

ἡ-ἡ ; le *gamma* se plante souvent en albanais devant une
voyelle qui commence le mot ;
γιατρὸ, le médecin, pour le grec
ancien ιατρός.

Génitif : σὲ μίῤῤε-σε.

τῆς-τῆς. Je ne sais pas pourquoi
ici le τ de τῆς s'est affaibli
en σ. Peut-être est-ce pour distinguer cette forme des autres.

Accusatif : τὲ μίῤῤενε.

τῆν.

NEUTRE.

SINGULIER.

Nominatif : τὲ μίῤῤε-τε.　τὸ-τό.
Génitif : τὲ μίῤῤε-τ.　τοῦ-τοῦ.
Accusatif : τὲ μίῤῤε-τε.　τὸ-τό.

PLURIEL
du féminin et du neutre.

	ALBANAIS.	ARTICLE GREC.
Nominatif :	τὲ μίῤῥα-τε.	τὰ-τά.
Génitif :	τὲ μίῤῥαϐ-ετ.	τῶν-τῶν.
Accusatif :	τὲ μίῤῥα-τε.	τὰ-τά.

L'albanais ne se passe de la consonne τ que là, où elle ne se trouve dans aucun dialecte grec ni dans aucune des langues de la même famille. L'albanais, au lieu de remplacer le τ par un ς, comme le font d'autres idiomes, rejette alors tout à fait le son qui commence le mot. Ainsi, dans les nominatifs ἁ et ἡ pour le grec ὁ et ἡ, sanskrit *sa* et *sâ*, puisque selon les lois grecques le son *s* sanskrit, quand il commence un mot, se change en *spiritus asper*, en ʽ ou *h*. Du reste, le τ se montre en albanais même là où les dialectes grecs commettent la faute de ne pas s'en servir, dans le nominatif pluriel du masculin et du féminin.

L'albanais ne doit donc point être regardé comme une branche de ces dialectes grecs secondaires ; il appartient plutôt à la vieille souche primitive.

Les formes de la conjugaison albanaise sont indogermaniques, mais il serait impossible d'y voir de la grécité.

A. IMPARFAIT DE L'ACTIF. — AORISTE DE L'ACTIF.

SINGULIER.

ALBANAIS.	GREC ANCIEN.
1. βέγα.	ἔϐην, je montais.
2. βέ-γε.	ἔϐης.
3. βίγ-τε.	ἔϐη (-τ, mais ce τ est une terminaison que le grec rejette).

PLURIEL.

1. βέïγ-με.	ἔϐη-μεν, nous montions.
2. βέγε-τε.	ἔϐη-τε.
3. βέïγ-νε.	ἔϐησα-ν.

B. PRÉSENT DU PASSIF.

SINGULIER.

1. πένε-μ (1).	ποιέο-μαι, je suis fait.
2. πένε-τζ.	ποιέε-σαι (forme primitive).
3. πένε-τε.	ποιέε-ται.

PLURIEL.

1. πένε-με.	ποιεό-με-θα, nous sommes faits.
2. πένενι (2).	ποιέεσθε.
3. πένε-νε.	ποιέο-ν-ται.

L'idiome des Albanais, ou comme ils s'appellent, des *Chkipétares*, ou comme les Turcs les appellent, des *Arnaoutes*, ne possède aucune litté-

(1) π sonne comme notre *b*.

(2) Formé dans l'analogie avec la troisième personne, c'est-à-dire d'une façon inorganique. Cela se voit fréquemment aussi dans d'autres langues.

rature. L'orthographe dont nous nous sommes servi ici d'après Xylander, est tirée du *Nouveau Testament*, en albanais, imprimé à Corfou en 1827. Ce peuple habite le côté occidental de la presqu'île grecque, depuis le golfe de Patras jusqu'au nord de la rivière de Drino; c'est l'Albanie proprement dite et la partie albanaise du royaume grec d'aujourd'hui. Les Albanais s'étendent aussi vers le nord-est jusqu'aux Boulgares. L'observateur remarquera près le Danube inférieur, et plus loin vers le sud-ouest, un groupe de langues limitrophes les unes des autres, qui n'ont de commun qu'une détérioration extrême; chacune d'elles est, ce semble, le représentant le plus dépravé de sa famille. Ces trois enfants perdus sont l'idiome roumain ou valaque de la famille latine ou romane, l'idiome boulgare de la famille slave, et l'idiome chkipétare ou albanais de la famille grecque. Dans la langue valaque, la plus septentrionale de ces trois voisines, la dépravation linguistique existe moins que dans la langue boulgare située au milieu; tandis que la plus méridionale, celle des Albanais, a été déformée au dernier degré, de sorte qu'on doit y regarder de près pour ne pas s'égarer sur son origine. Toutes les trois, si différentes entre elles, ont l'habitude d'attacher l'article à la fin du mot.

4. Famille romane (1).

L'histoire de la langue latine, c'est l'histoire de Rome. Rome *païenne* est morte, sa langue existe toujours sous plusieurs formes secondaires.

Occupons-nous donc de cet idiome si vivace d'une manière plus profonde et plus explicite, que cela ne nous a paru nécessaire à l'égard des autres idiomes indo-germaniques.

Le latin a rempli d'une gloire perpétuelle les contrées *occidentales* de l'Europe, mais l'origine de cette langue ne saurait être cherchée que dans l'Orient, dans ce monde mystérieux, dans cette patrie éloignée qui a servi de berceau à une grandiose langue primitive, éteinte depuis tant de milliers d'années.

Pour y entrer, le fil de l'histoire politique nous échappera complétement; il nous faudra nous munir d'un autre guide, de la comparaison rationnelle des idiomes. Ne nous amusons pas ici à

---

(1) Le rapport que M. le docteur Schleicher présente ici au public, lui vient de la plume de M. le docteur Delius, son ami et collègue.

répondre par des hypothèses à des questions passablement inutiles sur le *quand* et sur le *comment?* et contentons-nous de savoir que le latin porte dans son essence le cachet indestructible de l'Orient indo-germanique. Les races, en d'autres termes, qui ont produit le latin, ne sont pas des autochthones européens, elles ont fait le long voyage de l'Asie centrale jusqu'en Italie. Cela doit ici suffire.

Les philologues qui ne connaissent à fond que le grec et le latin disent : « Le dialecte éolien était « en quelque sorte un pont, à l'aide duquel la lan- « gue de la Grèce est entrée en Italie. » Mais ces savants se trompent; quand on étudie l'anatomie comparative des idiomes, on trouve que le corps de la langue latine est bien plus ancien que celui de la langue grecque, et que déduire le latin du dialecte éolien serait un anachronisme. Cela se prouve par la voie physiologique. Le latin, en effet, n'est point à moitié grec, il est tout à fait indo-germanique.

A côté de la langue latine, qui est devenue plus tard la langue prédominante à l'exclusion de toutes les autres, il y avait des langues arrivées avec elle du fond de l'Asie; l'observateur consciencieux a le devoir de relever l'existence des dialectes ombrique et oske, tels qu'ils se présentent dans leurs monuments de pierre et de bronze.

Leur sœur favorisée, la langue latine, les a de très-bonne heure comprimées et supprimées, mais est-ce là un motif pour ne plus s'occuper d'elles? Le même sort a frappé encore des langues qui, n'appartenant pas à la race indo-germanique, étaient peut-être les autochthones de la presqu'île des Apennins; l'étrusque, par exemple, et d'autres dont on ne sait même plus le nom. Cette langue de Rome devenait peu à peu toute-puissante; elle débordait, comme un immense déluge, les Apennins et les Pyrénées; elle refoulait impitoyablement jusqu'aux dernières vallées inaccessibles ce qu'il restait encore des langues celtique, basque et albanaise. Seuls, les pays grecs, ceux en Grèce comme ceux des colons grecs, gardaient toujours leur langue maternelle; Rome avait beau y planter l'aigle romaine, cet étendard n'a pu en chasser l'idiome d'Homère. Quant au nord germanique et à l'est slave, les idiomes de ces barbares ont prévalu contre la langue de Rome; mais, en revanche, elle a franchi, il y a trois siècles seulement, l'Océan Atlantique, dont Rome païenne ne connaissait que le bord oriental. L'Amérique du sud et du centre avec les Antilles parlent, à l'heure qu'il est, la langue de Rome dans trois formes récentes : en français, en espagnol et en portugais. Quelle grandiose et durable conquête linguistique !

Au quinzième siècle, on commençait en Italie, et plus tard aussi en France, à établir que les langues *romanes* ont été contemporaines de la vieille langue latine. A côté de la haute langue des vainqueurs romains, disaient les savants d'alors, le peuple italien a toujours, même dans ce qu'on appelait l'âge d'or de la littérature latine, parlé une langue particulière, un patois ayant un article, le verbe auxiliaire, etc.

A cette assertion, je réponds d'abord que le silence complet des auteurs classiques à cet égard serait inexplicable.

En outre, il faudrait dans ce cas démontrer la production du français, de l'espagnol, du valaque, etc., à l'aide de cette langue dite *italienne* ou *vulgaire,* au lieu de les faire provenir de la langue latine classique. Or, je ne vois nullement la possibilité scientifique de cette démonstration ; je suis donc obligé de me renfermer dans la solution de cet autre problème : de déduire les langues occidentales du latin classique, sans l'intermédiaire de la langue dite *italienne* ou *vulgaire* ou *lingua rustica.*

13.

Raynouard, il est vrai, a fait tous les efforts possibles pour prouver l'existence d'une langue qui, bien que n'étant pas la langue classique de Rome, aurait pourtant donné naissance aux idiomes des populations romanes; il veut que cette langue ait été le *provençal*. Raynouard a publié ses recherches si éminemment importantes, et nous tous lui sommes redevables de nous avoir éclairés sur beaucoup de choses; mais comment a-t-il pu espérer de réussir, quand on avait échoué de le prouver à l'égard de la langue *italienne?* Raynouard veut que la langue provençale ait été pendant quelque temps la langue universelle des nations romanes après la chute de Rome et de l'omnipotence du latin classique : il s'est trompé. L'idiome des trouvères et des troubadours, il est vrai, possède une grande abondance de formes; il tolère, les unes à côté des autres, certaines combinaisons de voyelles et de consonnes, des combinaisons qui ne se trouvent dans les autres idiomes occidentaux que d'une manière partiale et exclusive; telle combinaison n'a reçu le droit civique que dans telle langue romane; mais elles préexistent toutes, dit Raynouard, dans le provençal, qui, par conséquent, est le père de tous les idiomes en question. Cette erreur a été réfutée, entre autres, par Auguste Guillaume de Schlégel,

qui a clairement démontré que la langue littéraire
des Provençaux ne doit ses variétés de formes qu'à
l'irruption qu'y faisaient simultanément à un temps
donné les différents dialectes de la France méridionale, des Catalans et des Piémontais. Raynouard
cite des exemples pour en inférer la dépendance
où étaient les langues espagnole, portugaise et italienne de la langue provençale ; mais on peut citer
encore plus d'exemples pour prouver que toutes
les langues romanes étaient indépendantes les unes
des autres, et surtout du provençal ; pour prouver
enfin qu'elles ne dépendent directement que du
latin.

Il nous reste cependant à définir la *lingua rustica* ou *vulgaris*, qu'on nous avait présentée comme
un italien presque identique avec l'italien d'aujour-
d'hui, et ayant existé déjà aux temps du latin classique. Cette *langue rustique* des Italiens de l'antiquité est aux yeux des observateurs sus-mentionnés
un milieu fort commode d'où ils peuvent à loisir
déduire toute et chacune des formes spéciales qu'on
trouve réparties parmi les diverses langues romanes. On peut de la sorte produire une langue à
flexion qui embrasse toutes les modifications phonétiques et syntactiques des langues romanes en
général ; une langue complète sous tous les rap-

ports, un vrai prototype, qui n'a qu'un seul défaut, c'est de n'avoir jamais existé que dans l'imagination des étymologistes.

Quant à moi, je ne comprends pas même la nécessité logique de cette hypothèse. Les variations romanes s'expliquent, ce me semble, par la combinaison de deux éléments : la nature du latin d'un côté et la nature des organes phonético-acoustiques de l'autre ; c'est de là que sont nés les dialectes du latin, c'est-à-dire les langues occidentales. Selon Bernhardy, le latin possède les caractères suivants :
« L'accent, dit *barytonique,* qui s'oppose à l'into-
« nation de la dernière syllabe du mot ; la simple
« et vigoureuse flexion à consonnes ; une forma-
« tion de mots assez restreinte ; la structure
« simple et logique dirigée par des célébrités litté-
« raires, par des phrases fixées ; enfin, la persévé-
« rance des significations des mots. » L'accentuation latine est, sans doute, celle de ces cinq particularités qui a été conservée avec le plus d'uniformité, malgré tant d'altérations inévitables chez tant de populations différentes. L'accent latin frappait l'oreille *romaine,* sans y nuire à la perception simultanée de la *quantité prosodique* des syllabes longues et courtes ; mais il en était autrement des Gaulois, des Espagnols, etc., bref, des nations *ro-*

manes, qui oubliaient la *valeur* ou *quantité prosodique.* De là, une grande stabilité des syllabes latines accentuées, conservées chez les nations romanes, tandis que les syllabes latines dépourvues d'accentuation, soit consonnes, soit voyelles, se sont altérées jusqu'à devenir méconnaissables.

La flexion, au contraire, a subi un nombre considérable de dévastations de la part des influences dialectiques. La sonorité si rigoureuse, et même souvent rigide, des terminaisons flexives du latin fut émoussée; leur élément en consonnes fut renversé par le désir général d'arracher aux terminaisons leurs consonnes en les changeant en voyelles, ou de supprimer par l'*apocope* les terminaisons tout entières. Les formes de la flexion latine ainsi mutilées ou même effacées, on n'y pouvait plus maintenir les nuances des vieilles significations latines; ce qui restait de terminaisons à voyelles était dénudé d'intonation, et la confusion des voyelles devenait inévitable. Cela avait lieu surtout dans la déclinaison : *annus, annum,* des anciens Latins furent rongés, *s* et *m* rejetés, il n'en fut laissé que *annu;* cet *u* sans accent ressemblait fort à *o* sans accent, et c'est ainsi que *anno* fut produit. Cette voyelle finale ne s'est maintenue que dans les langues romanes du midi, elle s'effaçait dans celles du nord ; là, il ne restait que la syllabe radicale *an*. A cette forme de singulier si mutilée s'adjoignait une forme de pluriel également mutilée.

Ainsi, l'antique déclinaison latine était devenue impossible dans les langues romanes, à l'exception de la différence entre le cas direct et le cas indirect (*casus rectus* et *casus obliquus*), qui se maintenaient encore pendant un certain temps dans les deux idiomes français, celui du nord et celui du midi, qui tous les deux n'avaient pas une aversion absolument insurmontable pour les terminaisons à consonnes.

Les substantifs étant ainsi tout à fait dénudés de leur flexion, on était obligé à recourir aux prépositions pour exprimer au besoin la relation des substantifs dans la phrase.

Mais l'emploi des prépositions ne fut introduit que peu à peu. Le sujet (*nominatif*) et le simple objet (*accusatif*) n'avaient pas besoin de ces moyens auxiliaires ; seul, l'espagnol se sert de la préposition *ad* pour l'accusatif comme pour le datif. Mais les prépositions devenaient nécessaires à la phrase amplifiée ; la flexion génitive du latin fut alors paraphrasée par la préposition latine *de*, qui désigne l'éloignement, la dépendance, la descendance, et par la préposition latine *ad*, qui exprime le rapprochement, le voisinage. Le latin même avait déjà fait emploi de *ad* et *de* pour rendre des relations compliquées; seulement il s'en était servi moins souvent que ne le font les langues romanisées.

Pour remédier à l'indétermination formelle du substantif dépourvu de flexion, les langues romanisées acceptaient toutes le pronom déterminant, individualisant et démonstratif des Latins *ille*, qui est, pour ainsi dire, le contraire du mot de nombre *unus;* celui-ci n'exprime que la généralité et l'unité. Le dialecte sarde n'est qu'une exception partielle; il remplace cet *ille* par le pronom *ipse;* en quelque sorte aussi, la langue daco-roumaine ou valaque, qui n'emploie *ille* qu'en l'attachant à la fin du substantif comme la langue grecque attache l'enclitique.

L'étude de l'organisation des idiomes romanisés montre que, même après avoir abandonné la déclinaison de cette flexion des substantifs, ils sont obligés à se défendre avec soin contre la destruction qui voudrait aussi envahir la conjugaison, cette flexion des verbes. Dans toutes les langues romanisées, on retrouve la conjugaison latine bien conservée dans ses quatre divisions. Les formes latines *amo, amem, amabam, amavi, amaveram, amavissem,* s'y sont maintenues avec leurs nombres et avec leurs personnes. L'effacement des syllabes terminales, il est vrai, empêchait en quelque sorte de maintenir à côté de *amabam* le futur *amabo*, et à côté du subjonctif *legam legas* le futur *legam leges*. La forme latine *amavi*, qui a le double sens de « j'aimai » et de « j'ai aimé, » n'a conservé dans les idiomes romanisés que le sens de « j'aimai. » On était donc forcé de remplir les lacunes à l'aide de paraphrases, et comment auraient-elles pu se faire plus aisément qu'à l'aide du verbe *habere*, avoir ? Ce verbe n'indique ni le futur ni le passé, mais seulement la possession. On employait *habere* de sorte que, selon sa position et sa combinaison, ce verbe échangeait la notion de *possession* contre la notion *de ce qui existe en arrière*. *Amare*, par exemple, exprime la notion *aimer* dans une forme indéterminée ; il ne devient déterminé que par *habere* qu'on lui attache. Ce *habere*, qui exprime d'abord une possession *actuelle*, est donc ici tourné vers l'indéterminé et vers ce qui précède ; c'est précisément cela même d'où *habere* tire la notion du *futur :* « j'aimer-ai, » littéralement *j'ai* (à) *aimer* (1). D'un autre côté, ce *habere*,

---

(1) On s'est singulièrement trompé en étymologisant sur les formes composées de *habeo* et de *amare*, telles que *amerò* (italien, de *amar-ho*),

qui se combine avec le participe *passé* en le traitant comme son objet, change la notion de la *possession* en celle du *passé;* mais la signification passive de la forme latine *habeo-amatum* (littéralement *j'ai* cela comme objet *aimé*) n'accompagne plus ce *habere;* le sens passif fut conservé pour l'objet régi. Cette façon de fondre deux verbes en un seul était déjà préparée par certaines dictions du latin classique, et, sans doute, par l'usage populaire●une fois cette impulsion donnée, il était inévitable de la suivre dans toutes ses conséquences grammaticales●Ce qu'il y a là d'intéressant, c'est que *habebam* j'avais, et *habui* j'ai eu, en se subordonnant le *participe*, gardaient leur signification d'indicatif, tandis que *habebam* et *habui,* se combinant avec l'*infinitif,* se trouvaient tellement affaiblis par son sens indéterminé, qu'ils substituaient à leur notion du *passé* la notion de la *conditionnalité;* bref, le passé devenait un conditionnel : *amare habebam, amare habui,* prenaient la signication de « j'aimerais » ou « je voudrais aimer. » C'est ainsi qu'on remplaçait la forme latine *ama-*

---

amar-é (espagnol, de *amar-hé*), *amarei* (portugais, de *amar-hei*), *amarai* (provençal, de *amar-ai*), *aimerai* (français, de *aimer-ai*); on a cru trouver ces formes abrégées dans le futur exact *amavero;* mais cette forme latine n'a jamais joué un rôle.

rem, le subjonctif de l'imparfait, qui s'était entièrement perdu par suite de l'effacement des terminaisons. *Habebam* et *habui* ont d'ailleurs subi une
abréviation par aphérèse et par syncope tout comme
habeo : en italien *amarei* de *amere- e(bb)i,* et *ame-
ria* de *amare- (av) ia ;* en espagnol *amaria* de
amare- (hab) -ia ; et en vieux français *aimeroie* de
aimer -(av) oie.

Cette transition du passé *habebam* en un conditionnel (1) s'explique par l'emploi syntactique, que
les idiomes nés du latin font de l'indicatif de l'imparfait dans une phrase conditionnelle. Il en est de
même du plus-que-parfait : *amaveram* ne possède
le sens indicatif ou direct « j'avais aimé » ou *habebam amatum,* qu'en portugais ; tandis qu'en provençal et en espagnol le sens conditionnel a complétement remplacé le sens du passé *amare habebam,*
et il signifie maintenant j'aimerais ou je voudrais
aimer. Les nouvelles combinaisons parallèles ren-
daient inutile la vieille forme ; il n'existe, en effet,
pas la moindre trace de *amaveram,* j'avais aimé,
ni en français ni en italien ; si vous ne voulez pas
excepter le *Chant d'Eulalie,* le plus ancien de tous
les monuments de la littérature française, qui

(1) La combinaison *amare habui* ne se rencontre qu'en italien.

contient des formes qui rappellent le parfait et le plus-que-parfait des Romains : *auret* de *habuerat*, il avait eu, *voldret* de *voluerat*, il avait voulu, et d'autres formes encore. Mais peut-être s'expliquent-elles mieux comme des formes de dialecte.

Ainsi donc, la plupart des formes latines du verbe *actif*, malgré l'altération qu'elles avaient subie dans cette immense usine qu'on appelle la refonte ou la reconstruction d'un idiome et qui ne s'opère que dans ou après les grandes migrations des peuples, s'étaient sauvées et avaient maintenu leurs marques distinctives en rentrant dans le monde de la parole vivante. Il en était bien autrement du verbe *passif* des Latins ; les terminaisons de flexion du passif étaient des consonnes, et les idiomes latinisés étaient tous portés à rayer chaque *r* et *s* à la fin d'une syllabe de flexion dépourvue d'intonation. Le latin lui-même avait déjà plus souvent que ses frères indo-germaniques renoncé à la formation flexive du passif, et la route était de la sorte frayée aux dialectes populaires, qui allaient se servir de la méthode analytique aussitôt que la méthode synthétique faisait défaut.

La vieille et véritable forme passive du latin *amor*, « je suis un être qu'on aime, je suis aimé, » était impossible à l'oreille romanisée, puisque celle-ci détruit le *r* et le *s* après une syllabe non accentuée, et par conséquent ici après *o* qui n'a pas d'accentuation ; force était donc aux romanisés de chercher un palliatif. Ils le trouvaient dans le verbe auxiliaire et vraiment primitif *esse*, être, cet éternel frère jumeau du verbe auxiliaire et vraiment primitif *habere*. La transition que le latin passif passé *sum amatus*, j'ai été aimé, faisait pour devenir le romanisé passif présent *sum amatus*, je suis aimé, fut facilitée non-seulement par l'urgence, mais aussi par la combinaison romanisée de l'actif *habeo amatum*, j'ai aimé ; la notion du passé avait abandonné le participe *amatus* pour s'implanter au verbe auxiliaire, opération par suite de laquelle ce participe passé du passif n'avait plus qu'un sens purement *passif* sans la moindre détermination *temporelle*. Le présent *sum*, je suis, n'avait par conséquent aucune collision à craindre avec le participe passé *amatus* ; ces deux formes, l'une du présent actif et l'autre du passé passif, se confondaient ainsi chez les romanisés en une expression qui désignait le présent dans le passif : *sum amatus*, on m'aime, je suis un être aimé, je suis aimé ; cela se faisait en quelque sorte par analogie inverse avec le *habeo amatum* sus-mentionné, dont le présent actif et le passé passif s'étaient amalgamés pour produire le passé dans l'actif, *habeo amatum*, j'ai aimé.

Ce procédé intellectuel une fois admis, ses conséquences ultérieures (*eram*, *fui*, etc.) devenaient inévitables.

Le participe passif des Latins était donc destiné à jouer un rôle bien plus important dans la conjugaison des nations latinisées, que dans celle des Latins. Le participe passif de la première et de la deuxième conjugaison en *ātus* et en *ītus* était, il est vrai, très-bien protégé par son accentuation sur *a* et *i*, il entra sans mutilation dans les idiomes romanisés. Chaque idiome romanisé produisit des participes romanisés à côté de ces vieux participes latins, de sorte que les formes latines reçurent souvent une signification adjective, tandis que les formes romanisées, se combinant avec les verbes auxiliaires *habere* et *esse*, concoururent à la formation du verbe.

On voit aussi reçus chez les peuples romanisés les participes en -*tus* et en -*sus* qui, immédiatement attachés au radical du verbe, avaient pour ainsi dire poussé leurs racines dans l'oreille et dans la bouche du peuple même.

Il en est autrement des participes en -*ĭtus*, peu

fréquents, il est vrai, dans l'idiome latin; aucun de ceux-là n'a passé dans les idiomes romanisés, et le *i* bref, dépourvu d'intonation, fut changé en *ūtus*, même pour ceux des verbes de la deuxième et de la troisième conjugaison, auxquels l'usage latin n'avait pas attribué un participe du passif. On a voulu ramener ce *-utus* au participe latin des verbes *-uere*; c'est une erreur, puisque ce sont précisément ces verbes-là qui, dans les langues romanisées, ne connaissent point de participe en *-ūtus*; seul le verbe *batuere* fait exception, et encore une exception spécieuse, car les idiomes romanisés ont tous adopté *battere* et le latin n'a point *batutus*. D'où il faudra conclure que le participe *-ūtus* est plutôt une forme romanisée indépendante; lés partisans de la *lingua rustica* diraient que *-ūtus* n'a pu naître que dans cette langue vulgaire. Quoi qu'il en soit, les participes *-utus* ou *-udo* sont fréquents dans l'ancien espagnol et dans l'ancien portugais. C'est là un cas important, car il arrive rarement qu'une forme flexive, commune à toutes les langues romanisées, ne se laisse pas expliquer par le latin.

Autrement, dans la région *phonétique* des langues romanisées, quand il s'agit de produire des mots, toutes les langues romanisées suivent, en effet, une route entièrement différente de la route latine. Seulemént, on n'a pas besoin de s'adresser à une *lingua rustica* pour interpréter ce fait. L'observation rationnelle prouve que les langues indo-germaniques *secondaires,* c'est-à-dire celles qui dérivent d'autres langues indo-germaniques, toute différente que soit leur inclination pour certains sons, ont une singulière ressemblance réciproque dans les manières dont elles se servent, pour approprier un seul et même son à leurs différents organes acoustiques et phonétiques.

L'apocope, la syncope, la contraction, toutes ces opérations se font avec un certain ensemble; ainsi, vous chercheriez probablement en vain dans toutes les langues romanisées une déviation phonétique du latin qui n'aurait pas dans le prakrit une déviation parallèle du sanskrit; nous l'avons déjà dit, le latin est aux idiomes romanisés ce que le sanskrit était au prakrit. Vous voyez donc ici le génie phonético-acoustique de peuples très-éloignés l'un de l'autre marcher dans une seule et même direction. Plus la langue-modèle, ou mieux dit la langue écrite et littéraire, s'entoure d'un rempart rigide et inaccessible, plus le génie acoustico-phonétique sentira le désir de manifester ses sons particuliers et sa propre modulation.

Il n'est assurément pas permis, même à l'observateur le plus pénétrant et le plus logique, de comprendre les dernières causes de ce changement phonétique et acoustique. Personne ne peut dire, par exemple, pourquoi dans la bouche et dans l'oreille d'un Portugais le *x* latin (c'est-à-dire *cs* ou *ks*) se transforme en un son sibilant, tandis qu'il devient un son guttural dans la bouche et dans l'oreille d'un Espagnol, et un son aigu sifflant dans celles d'un Français. Tout ce qu'on en saurait dire, c'est que le son aigu sifflant a toujours existé en France, le son guttural en Espagne, et le son sibilant en Portugal, de manière que le *x* des Latins a été prononcé de tout temps de trois manières différentes dans ces trois nations. Chaque nation romanisée se permettait donc, dès le commencement, d'attribuer à telle lettre latine une prononciation nationale, qui différait souvent de la prononciation normale que cette lettre avait dans le latin classique.

C'est sur cette base que la construction de chaque langue romanisée a été commencée ; absolument comme un végétal transplanté a besoin de s'accommoder aux influences du climat et du sol étrangers. Le végétal transplanté n'est viable que lorsqu'il se *naturalise* complétement dans son nouveau milieu ; voilà, en deux mots, toute l'explication de la naissance des langues dites romanisées,

c'est-à-dire de l'idiome latin *acclimatisé* aux divers
organes phonético-acoustiques des diverses nations
chez lesquelles il s'est transporté.

Jusqu'ici, nos lecteurs n'ont pas eu besoin d'en
appeler à l'existence présumée de la *lingua rustica*; le latin tout seul a suffi. Il n'en est pas ainsi
quand il s'agit du coté *formatif* ou *lexical* des
idiomes romanisés, et nous n'hésitons plus à attribuer à la *lingua rustica* la production de toutes
les expressions qui, communes à toutes les langues
romanisées, n'ont pourtant jamais appartenu à la
langue latine classique. Cette *lingua rustica* aurait
donc engendré l'usage moins restreint de certains
mots et de certaines formes, dont le latin classique
et renfermé dans des limites très-rigoureuses, était
obligé de ne pas se servir. Regardée sous ce point
de vue, l'origine de la *lingua rustica* peut être
mise à découvert jusqu'à l'époque la plus florissante
du classicisme ; tandis que la *lingua rustica*,
comme telle, ne nous devient visible que beaucoup
plus tard dans la littérature primitive des jeunes
idiomes appelés *romanisés*. Plus un élément étranger et hostile s'interposait entre Rome et la nation
romanisée, plus le jeune idiome romanisé s'éloi-
gnait du latin classique; l'artère et le nerf entre
Rome et la province romaine étant coupés, cette

14.

province commençait à développer à part son idiome provincial. C'est alors que le germanisme pénétrait peu à peu dans le romanisme. Quant au celtisme, il existe aussi sans doute dans les idiomes romanisés.

Mais avant de séparer nettement l'élément celtique des éléments romains communs à toutes les langues romanisées, il faudrait d'abord retirer le *vieux* celtique des langues celtiques *modernes;* sans cette précaution, vous risqueriez de rencontrer dans le celtique comme lui appartenant, tout ce qui y avait été importé par d'autres langues. En étymologie, comme ailleurs, on doit toujours marcher rationnellement, sans détour ni retour.

Ce que les lignes précédentes viennent de donner, suffit pour un coup d'œil embrassant tous les idiomes romanisés ; les lignes suivantes entreront dans quelques détails, c'est-à-dire dans ce qui n'est pas élément commun de tous les idiomes romanisés (1).

____

(1) L'ouvrage allemand de Diez (*Romanische Grammatik,* 3 vol.; 1836-1844, Bonn), rend presque inutiles tous les autres livres de linguistique comparative. A côté de Diez, nous ne jugeons digne d'être mentionné que Raynouard (*Choix des poésies des troubadours,* I et VI; *Lexique Roman,* I).

Italien.

Cet idiome est le plus rapproché du latin et a
conservé le ton latin plus que tous les autres. Diez
croit que neuf dixièmes des mots simples de l'italien sont des mots latins. Dans son dernier dixième,
il existe des mots grecs qui n'y peuvent être entrés
que par la voie du latin, soit du latin classique,
soit du latin vulgaire; tandis que les dialectes des
îles italiennes, ceux de la Sardaigne et de la Sicile,
ont une quantité assez considérable de mots grecs,
et il est permis de supposer que le grec a directement influé sur la diction populaire des insulaires.
Leur position isolée a de même gardé intactes certaines formes finales : par exemple, chez les insulaires sardes, une foule de terminaisons verbales à
consonnes qui n'existent plus chez les Italiens du
continent.

Frédéric II, empereur allemand de la grande
dynastie des Ghibelins ou Hohenstaufen, et les poë-
tes de sa cour sicilienne s'efforçaient de consolider
une langue sicilienne écrite, qui eût été valable pour
l'Italie tout entière, mais cette langue *impériale* a
fait place à la langue florentine du Dante. Cette
langue toscane, très-riche en sons simples et net-

tement déterminés, a précisément pour cela essuyé beaucoup moins d'altérations depuis son premier emploi à la littérature, dans la seconde moitié du douzième siècle, que les autres idiomes romanisés.

La fidélité vraiment filiale que la langue italienne garde pour sa mère, se montre aussi dans la scrupuleuse conservation des voyelles accentuées; les voyelles longues n'ont subi aucun changement : les latines *ā, ē, ī, ō, ū*, se reproduisent en italien par *a, e, i, o, u;* mais les voyelles brèves du latin qui, par leur brièveté, étaient pour ainsi dire obscurcies et voilées, se sont transformées en diphthongues : *ĕ* est devenu *ie*, et *ŏ* est devenu *uo*. Les voyelles latines *i* et *u*, aiguisées par position de consonnes, sont devenues chez les Italiens *e* et *o*. Les mêmes voyelles *i* et *u*, dépourvues d'accentuation, sont devenues *e* et *o* dans les terminaisons ; *u* subit cette transformation en *o* régulièrement, et *i* chaque fois qu'il n'y avait pas une signification particulière, ce qui lui arriva dans les flexions. Ainsi, entre l'italien *credi, temi,* du latin *credis, times,* et l'italien *crede, teme,* du latin *credit, timet,* il n'y a qu'une différence produite par la flexion et nullement par des lois phonétiques.

Les consonnes, de même, maintiennent assez

opiniâtrément leur valeur latine. En italien, on rencontre moins que dans les autres langues romanisées, la *tenuis* qui se ramollit en une *media*; l'italien aussi remplace, il est vrai, par *v* (*b*), *g, d,* les *p, c, t,* du latin, quand ces consonnes sont placées dans le corps même d'un mot; mais on y rencontre tout aussi fréquemment les consonnes latines.

Les idiomes romanisés ont pris l'habitude de modifier par *e* et *i* la précédente *tenuis* et *media* d'une consonne prononcée du gosier; en italien, cette influence produit la consonne palatale correspondante, et c'est évidemment la transformation primitive et la plus simple de toutes.

Quant à l'assimilation, elle est un adoucissement qui, à cause de l'euphonie, efface une consonne devant la consonne suivante; l'italien assimile sans distinction et d'une façon toute mécanique *p, b, c, t,* tandis que d'autres langues romanisées ont au moins la précaution de marquer par une certaine modification de la voyelle la nature de la consonne éliminée : le latin *factus* se métamorphose en *fatto* (italien), en *feito* (portugais), et en *hecho* (espagnol). Une autre loi euphonique défend les terminaisons à consonne; chaque mot italien ne finit donc qu'en *a, e, i, o.* L'italien n'aime pas non plus un hiatus qui se produit parfaitement par *i* et *u*

des Latins. Le *i* est alors forcé, soit de faire diphthongue avec la voyelle suivante, soit de s'incor-
porer à la consonne précédente en la changeant ; le
u se transforme en *v*. Quant à l'adoucissement de
l ajouté à une autre consonne, cette opération est
commune à toutes les langues romanisées, et s'explique par la modification de *l* dur en *l* mouillé ou
li, ly.

Dans *fiamma*, on écrit *i*, mais cet *i* est plutôt
un *j*, puisque *fia* ne compte point pour deux syllabes, mais pour une ; en espagnol (*f*)*ljamma* ou
llamma avec le double *l*.

Passons en revue les autres idiomes romanisés,
qui ne se sont pas contentés du premier degré
d'altération, tel qu'il se rencontre chez les Italiens.

Espagnol.

L'italien est voisin de l'espagnol, sinon au point
de vue géographique, du moins au point de vue phonétique. La flexion latine a été souvent plus exactement maintenue par l'espagnol que par l'italien, mais
il s'éloigne du latin quant à la prononciation et
quant aux mots. Dans la presqu'île de l'Apennin,
on trouve le dialecte toscan devenu maître de la

littérature ; dans la presqu'île des Pyrénées, le dialecte des Castilliens a triomphé de celui des Galiciens, qui ressemble au portugais, et de celui des Catalans, qui se rapproche du provençal. Contraire à l'italien, l'espagnol s'est beaucoup transformé depuis le commencement de sa littérature, qui date de 1250; la différence de l'espagnol moderne et de l'espagnol ancien est cependant moins tranchante que celle entre le français moderne et le français ancien.

L'espagnol garde les voyelles latines longues et accentuées; le $\breve{e}$ bref se change comme chez les Italiens en diphthongue (*ie*), et le $\breve{o}$ bref devient aussi une diphthongue (*ue*). La transition de *i* aigu en *e* et de *u* aigu en *o*, quand ils sont aiguisés et relevés par leur position, se montre moins régulière qu'en italien, mais plus fréquente. Quant aux consonnes, la consonne du milieu s'adoucit plus régulièrement que chez les Italiens : les consonnes latines *p*, *b*, *c*, *t* deviennent en espagnol *b*, *v*, *g*, *d*. Un *f* qui commence un mot, se subtilise chez les Espagnols modernes en un son d'aspiration, qui n'est perceptible qu'à l'occasion d'un hiatus; les Espagnols de l'antiquité avaient au contraire gardé le *f* primitif. Devant *i* et *e*, le *c* devient un son linguo-dental (ou glosso-dental), qu'on pourait nom-

mer sibilant. Le *g* devant *i* et *e* devient un son
guttural aspiré, c'est-à-dire *j*, qui est une demi-
voyelle et qui s'évapore aisément, ou qui, combiné
avec la voyelle précédente, engendre une diphthongue.

Le penchant de dissoudre en voyelle une consonne liée à d'autres consonnes, se trouve en italien
à l'égard de la consonne *l* mouillé; en espagnol ce
penchant revient fort souvent. Ainsi, en espagnol, la
gutturale *c*, précédant une consonne, se change en *i*
ou en *j*. Parfois ce *j* ou *i* exerce, comme en italien,
une influence zétaciste sur la consonne qui lui est
alliée, et modifie par une métathèse, très-usitée en
espagnol, la voyelle précédente; parfois aussi ce *j*
ou *i* devient un son aspiré. J'appelle *zétacisme*
l'ensemble des effets, souvent fort surprenants,
qu'exercent *i*, *j* et d'autres sons semblables sur des
consonnes avec lesquelles ils sont mis en contact.

Une autre solution, qui se montre quelquefois
par exception dans *c* guttural, et assez souvent dans
les consonnes labiales, est celle en *u*, ce qui donne
au, diphthongue particulièrement propre à l'idiome
espagnol. *L*, quand il est affaibli par *j*, s'évapore
au *milieu* et ne laisse derrière lui qu'une aspiration
spéciale; tandis que, dans le *commencement* d'un
mot, *l* se maintient et fait tomber la consonne ad-

jointe. Cette différence de *l*, devenu liquide au commencement et au milieu, s'explique quand on a vu
qu'en général une consonne latine qui commence
le mot, se conserve ; une tenuis, par exemple,
s'affaiblit fort rarement en une media : *lama*
garde son *l*, et *jama* n'est qu'une forme dialectique
secondaire ; tandis que, au milieu du mot, *lj* s'affaiblit et devient une gutturale aspirée, *vetulus*
latin devient *viejo* espagnol et *velho* portugais.

On prétend que cette aspiration gutturale, si
importante en espagnol, y a été importée par les
conquérants arabes. Mais ceux-ci ont aussi régné en
Portugal, et pourtant la langue de ce pays ne la
connaît pas ; en outre, les mots espagnols techni-
ques, venus de l'arabe, ne rendent point par le son
espagnol analogue, mais comme d'autres langues
romanisées par la tenuis douce gutturale, la forte
gutturale des Arabes.

L'espagnol supporte, mieux que l'italien, les terminaisons à consonnes ; il admet les liquides *l*, *n*,
r, la gutturale *j* à la fin, et même *s*, *z* ; quant à
d, l'espagnol ne l'admet qu'affaibli.

L'accent latin n'est pas maintenu avec l'exactitude qu'y met l'italien ; surtout l'accent de la
troisième syllabe dans la flexion du verbe espagnol.
L'infinitif de la troisième conjugaison latine est

remplacé en espagnol par celui de la deuxième; cela est tellement invétéré que, même dans les monuments littéraires les plus anciens, l'espagnol ne connaît point d'infinitif en *-ĕre*, c'est-à-dire avec un *e* bref et avec un accent rejeté sur la syllabe radicale. A l'exception du portugais et de l'espagnol, toutes les langues romanisées ont gardé cet accent latin. L'espagnol ne connaît pas non plus l'accent latin dans les terminaisons *-a'bamos*, *-a'bades* du latin *-abămus*, *-abātis ;* et *-a'ssemos*, *-a'ssedes* du latin *-avissēmus -avissētis.* Au premier coup d'œil, il est vrai, les Espagnols et les Portugais semblent être plus fidèles à l'accentuation latine que d'autres peuples romanisés, dans la troisième personne du pluriel du parfait : *dissĕro* italien, *distrent* vieux français, *dijēron* espagnol, *dissérăŏ* portugais, du latin *dixērunt.* Mais les formes espagnole et portugaise avec *ē* long ne viennent point de la forme latine, elles sont produites indépendamment du latin, et la forme avec *ĕ* bref est ici la seule vraie dans le romanisme.

Portugais.

Rien de plus instructif, sous un certain rapport, que la comparaison de ces deux langues romanisées de la péninsule pyrénéenne. D'un côté, elles offrent, dans le traitement des syllabes latines, souvent une analogie telle qu'il en résulte presque une identité; de l'autre côté, chacun de ces deux peuples a une aversion profonde pour certaines combinaisons de voyelles et de consonnes, qui sont en vogue chez l'autre peuple. Cette diversité phonético-acoustique est basée sur une diversité physiologique, au milieu d'une similitude frappante. Une fois arrivé là, l'observateur le plus consciencieux ne peut aller plus loin; l'état actuel de la science n'a pas encore approfondi les mystères des diversités fondamentales, et ne les pénétrera peut-être jamais. Qui, par exemple, oserait nous expliquer pourquoi le Portugais n'aime pas les diphthongues espagnoles *ie* et *ue*, et en général les diphthongues ayant l'accent sur leur seconde partie? Le Portugais garde ainsi fidèlement *u* et *e* brefs, tels qu'il les a pris dans le latin. Il ne connaît pas non plus le son guttural rigoureusement aspiré des Espagnols; il le remplace par un son sibilant inconnu à ceux-ci.

Cela rapproche quelquefois le portugais du latin et de l'italien. Du reste, les anciens monuments littéraires portugais du douzième siècle ressemblent au portugais moderne et beaucoup plus que les livres espagnols de la même époque à l'espagnol actuel.

En espagnol, par exemple, *f* au commencement d'une syllabe s'est vaporisé en un simple son guttural aspiré : *filho* portugais, *hijo* espagnol, du latin *filius*, le fils. Au commencement d'une syllabe, *l* mouillé se maintenant en espagnol, après avoir rejeté la consonne précédente, devient en portugais un son sibilant ; *llama* espagnol devient *chama;* il sert à remplacer en portugais l'aspiration gutturale espagnole. Au milieu du mot, on rencontre la même transformation dans plusieurs exemples : *hallar* espagnol devient *achar*. Quant à ce verbe espagnol *hallar*, il vient probablement du latin *alligare*, et n'est rien autre chose que le transitif avec la préposition latine *ad*, de l'intransitif *llegar* ou *ligare*, c'est-à-dire *lier à quelque chose* ou *arriver* à quelque chose, quelque part. Comparez-y l'italien *giungere*, en français *re-joindre* (avec la préposition *re*) et en latin *jungere;* tout cela montre la même combinaison d'idées.

Quant à la transformation matérielle de *alligare* en *hallar,* elle se rencontre aussi en *callar,* de *caligare,* s'entourer de ténèbres (de *caligo,* lat.). La transfiguration dont je parle paraît être le résultat d'une antipathie pour *l* au milieu; antipathie qu'il est aisé de démontrer aussi par d'autres exemples portugais : *r* remplace *l* composé d'une consonne, et *l* entre deux voyelles s'efface. L'élimination fait aussi disparaître *n*, quelquefois même *d* comme en espagnol : *creer* pour *credere* et *comer* pour *comedere*. Le portugais a l'habitude de contracter les voyelles mises en contact immédiat à la suite de l'élimination : les mots latins *ridere, tenere, credere, nodus, nudus, color, mala, solus* deviennent en portugais *rir, ter, crer, nó, nú, cor, ma', só*. L'abréviation est tout à fait caractéristique pour le portugais.

.Les sept consonnes finales espagnoles *s, z, l, r, n, d* et *j* ne sont pas admises en portugais, à l'exception des quatre premières ; la consonne *n*, quand elle finit un mot, et quelquefois aussi au milieu, devient un son nasal qu'on écrit par *m* ou qu'on exprime par un *til*, c'est-à-dire par un circonflexe sur la diphthongue précédente : *mim, maí, acçaô*. Ce nasal portugais permet à la voyelle de rester intacte, *maí* se prononce *ma-i* ou *ma-in* sans que *i* cesse de se prononcer comme *i*, tandis que le nasal français change la prononciation, c'est-à-dire l'essence même de sa voyelle : *i* devient *e*, *u* devient *eu*, et *e* devient *a ;* ainsi, dans *malin, gens* et *brun*, les voyelles nasales, *i, e* et *u* se prononcent autrement que les mêmes voyelles sans nasal.

Une autre différence qui sépare les deux sœurs romanisées dans la péninsule ibérienne, se manifeste dans la flexion du verbe. Le Portugais exprime le passé par le latin *tenere*, tenir, qu'il a rendu assez commode pour l'usage par une forte abréviation, tandis que l'Espagnol l'exprime par avoir, *habere*. Le Portugais, non satisfait de conserver le plus-que-parfait des Latins d'après la forme, comme font le Provençal et l'Espagnol, l'a aussi gardé d'après le sens. La conjugaison portugaise a cela de particulier qu'elle applique la flexion à son infinitif même, en lui apposant les relations personnelles à l'aide de terminaisons verbales, comme s'il était un temps conjugable ; d'autres langues, au contraire, par exemple la grecque, l'allemande, et quelquefois même la française, appliquent à l'infinitif la déclinaison : *le manger, das zurück kommen* (le revenir) allemand, το αποθανειν (le mourir) grec.

En portugais, on dit *para ser ditoso*, pour être heureux, dans la première et la troisième personne singulier, comme en espagnol *para ser dichoso;* mais en deuxième personne singulier, le Portugais dit *para seres ditoso,* et exprime les trois personnes du pluriel par *para sermos, para serdes, para se-rem ditoso.* Je préfère toutefois y voir plutôt une conservation de l'imparfait du subjonctif des La-tins. Le Portugais dit ainsi : *a gloria de cantares* (la gloire de chanter), quand il parle à la deuxième personne singulier, ce qui serait, ce me semble, en espagnol *la gloria de que cantares* (la gloire *de ce que,* — c'est-à-dire qui naîtra de ce que — tu chantes) et non *la gloria de cantar.* Le *que* est fort souvent supprimé dans les idiomes romanisés d'une époque antérieure; du reste, la confusion avec l'infinitif était ici d'autant plus possible que le latin *cantarem, cantaret* d'un côté, et le latin *canta-ve-rim, canta-ve-rit,* produisaient également la forme romanisée *cantar.* La différence ne se montre que dans les verbes de la conjugaison dite *forte ;* ainsi, *dizer* de *dicerem* latin, et *disser* de *dixerim* latin.

Provençal.

Après avoir discuté les langues romanisées à sons forts et purs, mélodieux et sonores, nous arri-verons par l'intermédiaire, par le provençal, à la langue de la France septentrionale, ayant des voyelles obscurcies, des consonnes émoussées. Mais ne dites pas pour cela qu'elle s'éloigne en tout le plus du type maternel ; elle a, au contraire, conservé, à l'aide de son système phonétique, des analogies latines qui n'existent plus dans les langues romanisées du sud et du sud-ouest. Entre celles des péninsules, appennine et pyrénéenne, il y a un pont naturel, en géographie comme en linguistique : c'est le provençal. Chaque idiome romanisé se retrouve en quelque sorte dans le provençal. Malheureusement, la véritable prononciation provençale, telle qu'elle existait dans son apogée, ne saurait plus être retrouvée d'une manière satisfaisante.

Le provençal régnait dans la France méridionale, à travers le Dauphiné, le Lyonnais, l'Auvergne, le Limousin, le Périgord et la Saintonge ; il s'étendait encore au delà des Pyrénées et des Alpes, en Espagne, en Helvétie et en Italie. Au delà des Alpes, le dialecte piémontais se rapprochait plus du provençal que de l'italien ; en Espagne, le provençal-catalan descendait le long de la Méditerranée au delà d'Alicante ; même aux îles Baléares, on parlait provençal. De là, tant de noms pour cette langue : *proenzalese*, *lemozi* (limousin) et *romans* tout court. Elle a eu le mérite de produire une littérature au temps où ses sœurs ne servaient encore qu'à la conversation vulgaire. Dans le dixième siècle, elle produisit déjà un poëme dont il ne reste que des fragments, mais qui prouve qu'elle avait à peu près atteint les limites de son développement. Au onzième siècle, elle nous montre la littérature des troubadours provençaux; puis une autre en Catalogne, et une troisième en Piémont parmi les Vaudois, un peu inférieure sous les rapports de la phonétique et de la flexion. Je ne discute ici que le provençal proprement dit.

Quant aux voyelles qui portent l'intonation, elles tiennent le milieu entre celles du portugais et de l'espagnol : $\breve{e}$ devient ie et e, $\breve{o}$ devient ue et o. Les voyelles longues, comme en espagnol et en portugais, restent fidèles au type latin; a s'obscurcissant en e, paraît être une exception française, et u, ce semble, n'a jamais été prononcé comme u français. Les diphthongues y sont extrêmement abondantes à cause de la décomposition de certaines consonnes, et à la suite du mélange avec plusieurs dialectes. On y voit, comme en espagnol, le guttural, placé devant une autre consonne, se dissoudre en une voyelle et se combiner avec la consonne pour engendrer un son palatal. On trouve dans le provençal également la méthode portugaise, qui forme par i, produit de c, une diphthongue avec la voyelle précédente.

15.

En troisième lieu, le provençal possède une méthode particulière d'éliminer la consonne, mais l'orthographe est trop vague pour en parler autrement que par conjecture. Le latin *factus, facta,* par exemple, devient quelquefois *fach, facha,* en vieil espagnol *fecho, fecha;* quelquefois *fait, faita,* en portugais *feito, feita;* enfin *fah* ou *fag;* ce dernier peut venir d'un *j* allemand très-doux. Le provençal, comme toute autre langue romanisée, aime à conserver un *i* (dépourvu d'intonation et mis dans l'hiatus) en lui appliquant une métathèse et la diphthongation, ou en confondant avec la consonne le *j* qui y correspond. Le provençal aime aussi, comme l'espagnol et le portugais, à transplanter la voyelle quand elle est dépourvue d'intonation et mise dans l'hiatus : espagnol *supieron,* portugais *souberaô,* provençal *saupron.*

Quant aux autres règles phonétiques, le provençal se rapproche des autres idiomes romanisés. La prononciation provençale de *c* devant *e* et devant *i* était, ce semble, celle du français, et la prononciation provençale de *g* devant *e* et devant *i* était celle de l'italien. Dans les manuscrits provençaux, *g* est toujours confondu avec *j,* ce qui prouve que *j,* cette demi-voyelle, avait un son palatal très-doux comme *g.* D'où il suit que *ch* exprime le son palatal dur, et non-seulement le son sibilant du français ; on voit toutefois ce *ch* remplacé par un simple *c* devant *a*, d'où il faut conclure, à ce qu'il paraît, que *ch* exprime encore un autre son. On rencontre ainsi le latin *noctem* rendu par *nuoich* en provençal, avec l'intermédiaire espagnol *noche*. Une particularité provençale est de dissoudre la media et la tenuis du son labial, non-seulement en *v*, demi-voyelle, mais aussi en *u*, voyelle pure, et de la combiner en diphthongue avec la consonne qui précède. Il est cependant impossible de déterminer aujourd'hui, jusqu'où cette transformation a été poussée, puisque l'orthographe du provençal ne distingue pas *o* et *u*; il en est de même de *i* et de *j* palatal.

Toutes les langues romanisées ont l'habitude d'affaiblir la ténuis *au milieu* en une média; mais le provençal fortifie la média en une ténuis *à la fin :* ainsi *b* devient *p*, *g* devient *c*, *d* devient *t*, *v* devient *f*, et *z* devient *tz*. Cela se trouve, parmi les langues dérivées, aussi dans le dialecte allemand, appelé le moyen-haut-allemand; le vieux français aussi en porte quelques traces. La cause de cette métamorphose est toute simple : une consonne qui ferme un mot a besoin d'être fortement prononcée pour bien arriver à l'oreille ; or, une consonne fortement prononcée s'endurcit, se renforce, et devient par là une ténuis, même après avoir été d'abord une média. Les idiomes romanisées du midi n'ont pu conserver cette média, qu'en lui attachant encore une voyelle terminale. En espagnol, le *d* final, une média, n'en fait qu'une exception spécieuse ; *ciudad* espagnol est à *città* italien comme *cidade* portugais est à *cittade* italien.

Le provençal des vieux temps possédait un son singulier, dont nous ne connaissons malheureusement plus la valeur exacte : il changeait le *d* au milieu d'un mot en un *z*, mais ce *z* était probablement le *th* des Nordlandais, des Anglo-Saxons, et des Anglais modernes, ou le *delta* doucement aspiré des Grecs modernes ; l'orthographe *z* en provençal est analogue avec le *z* en espagnol, qui lui aussi sert à désigner un son doucement aspiré.

Un fait extrêmement intéressant est l'essai, que le provençal et le vieux français ont fait, de conserver tant soit peu la déclinaison du substantif latin. Ces deux idiomes s'efforçaient pendant quelque temps de maintenir pour le cas direct ou nominatif une forme qui différait du cas indirect ou oblique.

Cette formation, il est vrai, était inapplicable à la première déclinaison latine, mais elle garantissait en provençal une grande facilité dans le traitement syntactique des substantifs, par exemple :

Cas direct du singulier : *ans* (du latin *annus*), *laire*, *trobaire*, *maier*.
Cas oblique du singulier : *an*, *lairô*, *trobadôr*, *maiôr*.
Cas direct du pluriel : *an*, *lairôs*, *trobadôrs*, *maiôrs*.
Cas oblique du pluriel : *ans*, *lairôs*, *trobadôrs*, *maiôrs*.

Les autres langues romanisées n'en font aucun cas ; surtout l'italien, qui rejette toute consonne finale, était incapable d'admettre le latin *annus* autrement que dans la forme à voyelle finale *anno*, *anni*. Le génie de toutes les langues romanisées était toujours porté à regarder la forme du substantif comme une forme absolument indépendante de toutes les relations de la phrase.

Français.

La langue française a suivi la route du provençal ; elle est ainsi arrivée à un degré considérable d'émoussement et d'abréviation. Le français laisse derrière lui le provençal même, quand il s'agit de mutiler les formes latines, en les coupant et rognant, en les aplatissant et contractant. Sous prétexte d'effacer les âpretés, et, qu'on nous permette l'expression, les gibbosités du latin, le français a tant aplani, tant raboté, limé et poli, qu'il en est résulté une quantité assez incommode d'homonymes, ou mieux dit d'homotones. Il y a dans le français primitif une véritable horreur de toute voyelle mélodieuse, pure et sonore à la fin des mots; en même temps, il ne craint pas trop la consonne finale. Ceci prouve que les deux grandes langues de la France, le provençal du midi et le vieux français du nord, n'ont point été identiques dans leur origine. Le caractère particulier du français du nord se manifeste déjà un peu dans le plus ancien de ses monuments littéraires, le *Serment de Strasbourg*, de l'an 842, et bien plus encore dans le *Chant de sainte Eulalie*, qui appartient probablement au même siècle.

Le provençal ne rejette pas toutes les voyelles finales non accentuées qui existent dans les idiomes romanisés du midi; il en conserve *a, e, i,* et n'en repousse que *o;* le français rejette aussi *a* et *i,* qu'il retranche sans remplacement, et ne remplace leur *a* que par *e,* qui est sans accent et qui a une prononciation sombre, obscure, obtuse, ou, comme on dit, *muette.* Quant à la voyelle accentuée *a,* elle est obligée de recourir à une position renforcée pour ne pas se voir transfigurée en *e* ou en *ai.* La voyelle longue *e* subit la diphthongation en *ei*, plus tard en *oi;* ce qui s'explique par l'ancienne prononciation de *ei* (en allemand *ä*) ou *oi*, peut-être avec une légère nuance en un *o* à moitié supprimé. Les diphthongues *ei* et *oi* résultaient de la voyelle brève et accentuée *i;* ce qui se retrouve aussi dans les autres langues romanisées traitant de la même manière *ē* et *ĭ*, et qui prouvent par là que ces deux voyelles avaient une valeur identique. La voyelle *o* accentuée, soit brève, soit longue, n'est devenue *eu* (en allemand *ō*) que beaucoup plus tard; au commencement, le vieux français l'a également exprimée par *ou, ue, o*. Dans le français moderne, on rencontre *ou* pour *o* non accentué; *ue* peut avoir eu une prononciation identique avec *eu*, sauf quelques cas rares où il prit place comme *ue* en espagnol, qui naquit également de *o*. D'après cette manière générale de transplanter les sons, et qui caractérise le français, il s'explique pourquoi *ū* a changé en *u* français ou *ü* allemand le son communément romanisé, c'est-à-dire *ou*. D'un autre côté, la voyelle latine brève *ŭ*, écrite *ou* en français, a pris la place devenue vacante, et *u*, mis en position, a été confondu avec *o* en position d'après la manière commune aux idiomes romanisés.

A toutes ces transformations de voyelles et de

diphthongues, se sont jointes celles de certaines consonnes; ainsi *u* est devenu *oi*, *o* est devenu *ui*, et *l* devant les consonnes est devenu *u*. De là, la diphthongue *au*, qui coïncide en prononciation avec *o*, a obtenu un empire croissant dans le français moderne. Ajoutez-y encore le nasal français, absorbant tout *m* et tout *n* qui ne sont pas protégés par une forte position, ce qui implique une modification essentielle de la voyelle précédente, à l'exception de *o*, *ie* et de *a ;* les autres voyelles mises en nasal changent tout à fait : ainsi, *e* devient *a*, *i* devient *e*, *u* devient *eu*.

Parmi les transformations que subissent les consonnes françaises, aucune n'est plus importante que celle du guttural dur, qui devient un sibilant devant *a* latin, jamais devant *o* et *u* latins. La cause en est évidemment dans le changement de *a* en *e*, qui se fait surtout dans la langue française. Une loi commune à tous les idiomes romanisés défend à *e* de garder devant lui un guttural, au lieu de le changer en un sibilant. Il est permis de penser ici à *ce, ci,* palatal italien, et de lui comparer le sibilant français comme on peut comparer le *ge, gi* français au palatal italien très-doux *ge, gi*. Mais cette explication se trouve dérangée par le changement du guttural latin en un sibilant français devant *e* et *i* latins. Il ne nous reste donc au fond que de voir dans la transformation du latin *ca* en *che* français une formation française nationale sous l'influence du zétacisme ; tandis que la transition du latin *ce*, *ci* en *ce* et *ci* français doit être regardée comme une modification bien antérieure commune à tous les idiomes romanisés, mais spécialement accommodée à l'organisme français.

Les gutturaux français ont rejeté le *u*, cette petite demi-voyelle qui, en latin, est attachée à *c*, en le changeant en *qu*. Les autres idiomes romanisés ont presque toujours gardé le *u* derrière *c* et *g*, tous écrivent et prononcent par exemple *cua* (ou *qua*) et *gua*, etc. Là, où ils ont omis le *u*, la langue latine populaire leur en avait peut-être donné l'exemple. Le français ancien connaît encore cette demi-voyelle, fixée à un guttural : ainsi, avec la ténuis *quens* pour *cuens*, du latin *coma* ; et avec la média *guivre* et *wivre* du latin *vipera* ; de même il faut y compter cette nombreuse classe de mots français dont le *gu*, sans faire entendre aujourd'hui la voyelle *u*, répond au *w* allemand. La voyelle *u* y était jadis fortement prononcée, et même dans le milieu du mot. Le latin *aqua*, par exemple, a produit *aigue* et *ewe*, dont le *w* était évidemment prononcé comme *gu* ou plutôt comme *gv*. La forme orthographique du même mot *aqua* est *iaue* (non *iave*); c'est la décomposition des voyelles.

Le français, plus que d'autres idiomes romanisés, aime a éliminer des lettres du milieu d'un mot. Seules, la liquide et le *s* savent s'y maintenir; toute autre consonne simple, placée entre deux voyelles, s'expose à être chassée. Pour obvier à l'hiatus qui en résulte, le français moderne se sert de la contraction, mais le français ancien laisse les voyelles s'entrechoquer sans en faire une diphthongue. Le français moderne a aussi inventé le *s* intercalé dans la flexion du verbe, pour empêcher l'hiatus produit entre deux mots voisins par une voyelle finale et par une voyelle initiale; le français ancien n'a jamais connu cette susceptibilité *antihiatique*. Quant à *s*, cette consonne a commencé de bonne heure à être supprimée, non-seulement à la fin d'un mot qui n'était pas suivi d'un mot à voyelle initiale, mais aussi au milieu devant une consonne : nous ignorons cependant l'époque où cette élimination se fit, puisque *s* conservait longtemps encore sa place habituelle. L'élimination de *s* existait déjà quand on écrivait *rosle* (rôle) et *ramposgner* (ramponer). Il paraît même que cette consonne *s* devant des consonnes n'a jamais pu être prononcée par une bouche française des temps anciens. Voyez ainsi l'énorme différence entre les mots, qui portent et prononcent encore à l'heure qu'il est un *s* devant une consonne (par exemple : *asbeste, inceste, leste,* etc.), et les mots qui l'ont remplacé par une prolongation à circonflexe de la voyelle précédente ; les mots à *s* sont entrés dans le dictionnaire sans passer par la bouche du bas peuple, tandis que les mots à *s* éliminé sont tous profondément enracinés dans la vie et la pensée populaires. Du reste, la langue française actuelle fourmille, plus que toute autre langue romanisée, de mots latins qu'on y a récemment introduits ; ceux-ci gardent scrupuleusement leurs figures latines, tandis que les vieux mots français, tirés du latin, ont subi cette singulière transformation ou plutôt transsubstantiation qui caractérise chez les Français l'oreille et la bouche, c'est-à-dire l'organe de la parole. C'est à cause de cette foule de mots latins récemment implantés, qu'on a cru le français moderne plus ressemblant au latin que le français ancien. L'orthographe étymologique du français moderne a cela de particulier, qu'elle conserve minutieusement beaucoup de sons qui n'existent plus ou qui n'ont jamais existé. Toute autre langue romanisée s'est affranchie du joug lourd et ridicule de cette étrange orthographe. Le résultat définitif de la collision, fort longue et rude, entre la langue française du bas peuple et celle de la classe haute et savante, a été l'innovation intégrale, la refonte, pour ainsi dire, de toute la forme extérieure. Le provençal du midi ne continue à subsister qu'en ruines et dans un état linguistique presque redevenu sauvage, tandis que le wallon du nord rappelle sous beaucoup de rapports le français ancien; voilà les deux dialectes principaux de la France actuelle, tout le reste a fait place à l'influence du français moderne.

Daco-Romain ou Valaque.

Cette langue forme, pour ainsi dire, une île romanisée au milieu des peuples non romanisés du Danube inférieur. Le Danube, qui est sa limite orientale et méridionale, sépare la nation valaque de celle des Boulgares, depuis Orsova jusqu'à Galatz; elle touche à la mer Noire à l'est et à la Petite-Russie au nord; les Magyars (Hongrois), ses voisins à l'ouest, habitent aussi en plusieurs endroits en Valaquie; les Illyriens, enfin, sont à son sud-ouest. Ce peuple est appelé *Roménien*, et ce nom, comme sa langue tout entière, prouve suffisamment une origine romaine. Le dictionnaire, la flexion, la phonologie, **tout** cela y est latinisé, mais tout aussi dégénéré et désordonné. Le son est arbitraire et sans règles rationnelles, la flexion est imbue d'éléments qui ne se rencontrent pas dans le type général des idiomes romanisés, et le dictionnaire est inondé d'une foule de mots magyars, allemands, grecs, turcs et slaves.

Rhéto-Romain ou Cour-Velche.

Cet idiome est le provençal d'Italie tel qu'il s'est maintenu dans le canton suisse des Grisons. Il se divise en deux dialectes : le *roumonique* aux bords du Rhin, et le *ladinique* aux bords de l'Inn. Des influences allemandes lui ont ôté deux signes caractéristiques du type général des langues romaniques : il n'a plus la composition du futur avec *habere*, ni le parfait devenu temps historique. Le futur rhéto-romain s'exprime par *venire ;* ainsi, *j'aimerai* se traduit par *venire ad amare* ou *je viens à aimer.* Le passif aussi se fait avec *venir : venio amatus,* je suis aimé. Cette singularité s'explique quand on met en présence les trois verbes *venire* latin, *devenir* français, et *werden* allemand qui signifie *devenir ;* on dit en allemand *ich werde lieben* (j'aimerai) et *ich werde geliebt* (je suis aimé), tandis que *j'aimerai* se compose de *aimer* et de *ai* (avoir, *habere*).

La paire Letto-Slave.

Les deux familles lettique et slave offrent, malgré leur ressemblance, à l'observateur des traits de dissemblance qu'il ne doit pas négliger. Le substantif lithuanien ne marque pas le genre neutre, mais en général le lithuanien est beaucoup plus primitif dans la formation et dans la flexion des substantifs. En revanche, la conjugaison slave est supérieure. Le lithuanien ne distingue pas les troisièmes personnes du singulier, du duel et du pluriel. Seulement, il faut se garder de considérer le lithuanien comme un mélange du slave avec le germanique ; bien qu'il y ait des rapprochements très-frappants à faire entre le germanique et le letto-slave, nonseulement dans les racines communes des mots, mais aussi dans la coïncidence de certaines formations grammaticales, par exemple dans l'adjonction d'un affixe pronominal à la fin des adjectifs.

5. — Famille Lettique.

Cette famille est sans doute plus ancienne que la famille slave. Le représentant le plus important de la famille lettique est le *lithuanien* ou le borusso-lithuanien, le plus ancien de tous les idiomes indo-germaniques existant aujourd'hui en Europe. Le *borussien* et surtout le *lettique* sont des idiomes plus récents. Le lithuanien possède encore dans la déclinaison les sept cas et le duel, qui sont un des signes caractéristiques de la langue indo-germanique. Les cas de la déclinaison lithuanienne sont même quelquefois identiques avec ceux du sanskrit : par exemple, le nominatif singulier *vilkas*, en sanskrit *vrkas ;* le locatif *vilkė*, en sanskrit, *vrkė* (de *a-i*) ; l'instrumental pluriel *vilkais*, en sanskrit *vrkais ;* le nominatif singulier *sunus*, en sanskrit *sûnus ;* le génitif *sunaus*, en sanskrit *sûnôs*, de *sûnaus*, etc.

Les énormes transformations des sons dans ces deux familles proviennent presque toutes de l'influence qu'exercent les *i* sur les consonnes précédentes. Le lithuanien n'a admis que fort peu de ces changements. Il joue évidemment, vis-à-vis des langues letto-slaves, le même rôle que le gothique

LANGUES DE L'EUROPE.

vis-à-vis des langues indo-germaniques. Le gothique et le lithuanien sont les deux échelons qui conduisent directement du sanskrit aux idiomes récents de la race indo-germanique. Le lithuanien reste parmi les idiomes actuels de l'est comme la langue la plus antique, de même que l'islandais, ce fils du gothique, parmi les idiomes de l'ouest.

Du reste, malgré l'isolement politique du peuple lithuanien, son idiome n'a pu se conserver tout à fait pur ; le verbe y est moins riche que le substantif ; la réduplication, l'augment et la transformation de sa voyelle radicale n'y existent plus du tout ; la flexion y a également subi des changements particuliers. Dans ses participes et dans d'autres formes, il montre au contraire beaucoup d'indépendance primitive. Le passif s'exprime avec le verbe auxiliaire être (*esmi*, *essi*, *esti*, etc.). A côté du passif et de l'actif, il existe un médium ou réflexif formé par la suffixion et par la préfixion d'un *s* et *si*, pronom personnel en troisième, dont on se sert comme dans les idiomes slaves pour toutes les personnes. En latin aussi, le médium se forme par la suffixion de cet *s* qui y a pris la forme de *r*. Le lithuanien n'a pas de littérature proprement dite ; des chansons populaires, un poëme plus considérable en hexamètres (*Sur les Saisons*, par Donaleitis), des

traductions d'ouvrages religieux; voilà tout. Toute
belle et riche qu'elle est, cette langue cessera bientôt
d'exister. Mielcke, dans son dictionnaire allemand-
lithuanien (1800, Koenigsberg), dit : « En Prusse,
« elle n'est plus en usage chez les campagnards
« que dans les cantons de la province orientale :
« Mémel, Tilsitt, Ragnit, Labiau et Insterbourg.
« L'ancienne population lithuanienne est très-
« compacte autour de Mémel et le long de la fron-
« tière prusso-russe vers l'est ; en parcourant une
« vingtaine de villages, on n'y rencontre qu'un ou
« deux colons allemands. En tout, le nombre des
« Lithuaniens appartenant au royaume de Prusse
« est de 200,000. » Schafarik a fixé, en 1842, à
1,438,000 leur nombre total en Russie et en Prusse,
dont 156,000 en Prusse et 1,282,000 en Russie.
De là il nous est permis de conclure que, dans
un espace de quarante-deux ans seulement, la
quantité de Lithuaniens prussiens a diminué d'un
quart. Les vieillards lithuaniens se plaignent vive-
ment de la négligence que les jeunes gens mettent
dans l'usage de l'idiome national; dans quarante
ans d'ici, sa pureté aura disparu à tout jamais (1).

(1) Heureusement plusieurs linguistes s'occupent, à l'heure qu'il est,
de cette langue, et M. Schleicher lui-même s'est proposé de l'étudier,
après s'être rendu au milieu des Lithuaniens.

16.

L'alphabet est latin ou allemand. Le dialecte lithuanien de la province russe Schamaïte (gouvernement de Vilna), est corrompu par des mots polonais et russes; sa déclinaison et sa conjugaison sont altérées; l'orthographe diffère aussi. Il arrivera à la langue lithuanienne ce qui est déjà arrivé à sa sœur, celle des anciens Prussiens ou Borusses, habitants primitifs de la rive Baltique entre la Vistule et la Mémel (1). La civilisation féodale et chrétienne que les conquérants allemands y implantèrent au treizième siècle, à l'époque la plus grandiose de l'empire allemand, sous la maison impériale des Ghibelins, n'a point augmenté la gloire de l'Allemagne et de l'Église; jamais un peuple païen, bon, brave et généreux, n'a été maltraité d'une manière plus cruelle que celui-ci par ses nouveaux maîtres, les chevaliers-moines de l'ordre de la Sainte-Vierge ou les Mariens. L'histoire de ce combat à mort doit être cité parmi les épisodes les plus sinistres de l'humanité; il surpasse en douleurs et en durée la conquête du Mexique et du Pérou.

La langue de cette peuplade disparut peu à peu avec elle, et la langue allemande y prit place avec des colons allemands. Le dernier grand-maître de

______

(1) Nesselmann, *Die Sprache der Alten Preussen*. 1845, Berlin.

l'ordre Marien, Albert de Brandebourg, voulant conserver à ses malheureux sujets indigènes ce qui leur restait encore de leur ancienne langue, fit traduire le catéchisme en prussien ; mais c'était trop tard, et cet idiome cessa d'exister à la fin du dix-septième siècle. On ne peut donc apprendre cette langue éteinte que d'après ce catéchisme. On la trouve moins antique que celle des Lithuaniens, et libre des changements nombreux qui déforment celle des Lettes.

Certaines formes dans le prussien du passé sont éminemment intéressantes par leur affinité avec le sanskrit : ainsi la forme *nevints* (le neuvième), par laquelle nous apprenons que le *d*, qui se manifeste dans ce mot chez les Slavo-Lettes (lithuanien *de-vyni, devintas*, et slave *devet', devetii*, neuf, neuvième), ne s'est formé que de *n :* sanskrit *navan*, latin *novem*, allemand *neun*, etc. Le nombre des cas de la déclinaison est plus restreint qu'en lithuanien ; le duel n'existe pas, et les troisièmes personnes ont toutes une même forme, comme cela se trouve aussi dans les autres langues letto-slaves.

Lettique ou Livon (1).

Cet idiome est populaire en Courlande et dans la majeure partie de Livlande, c'est-à-dire la partie sud et sud-est, jusqu'au delà de la Duna ; en outre, il se trouve sur la langue de terre appelée *Nehrung de Courlande*, qui sépare la mer Baltique du golfe nommé le *Haf de Courlande*.

Le lettique est au lithuanien comme l'italien est au latin ; il possède, par exemple, l'article, qui est étranger au lithuanien ; il a des formes grammaticales affaiblies et ses lois phonétiques sont celles des idiomes slaves. Il se sert de l'alphabet des conquérants allemands, dont il a même adopté le *h* pour marquer la longueur de la voyelle précédente. Il exprime des sons particuliers par des signes diacritiques, ajoutés aux lettres de l'alphabet allemand. Le nombre des mots russes et allemands, qui s'y sont introduits, n'est pas grand, mais plus considérable que dans l'idiome lithuanien.

Stender dit : « Parmi ses dialectes, ceux de

(1) Stender, *Lett. Grammatik* ; Mitau, 1783. — Rosenberger, *Formenlehre der lett. Sprache* ; Mitau, 1830. — Stender, *Lettisches Lexicon* ; Mitau, 1789.

« Semgalles (près Mitau et Bauske), de Courlande
« (près Frauenberg, Zabeln, Tuckum et Mitau),
« et Livlande (près Volmar, Venden et Riga), sont
« évidemment les plus purs. » C'est dans ce dialecte qu'a été écrite la traduction de la *Bible*. La
langue lettique n'a pas de littérature proprement
dite, mais elle possède beaucoup de productions
imprimées. Stender a publié dans sa grammaire
une collection des proverbes, des logogriphes, des
énigmes et des chansons de ce peuple malheureux;
ces dernières surtout sont d'une poésie admirable
sous tous les rapports.

6. — Famille Slave.

Le savant Schafarik, dans sa *Geschichte der sla-
wischen Sprache und Litteratur nach allen Mundarten* (1826, Ofen), dans ses *Antiquités slaves*
et dans son *Ethnographie slave* a donné à la science
un travail excellent. Son *Ethnographie*, qui traite
surtout de la langue slave, aurait déjà dû être
traduite en allemand; cet ouvrage porte le titre
tchèque suivant : *Slowansky' národopis. Sestawil
P. J. Safarik. S mappau. Treti vyd. w Praze,*

1849. C'est donc lui que je vais ici prendre pour base.

Les idiomes slaves occupent en Europe un espace plus étendu que toute autre langue. Depuis le fleuve Duna (Dwina) à l'est, jusqu'aux Monts-des-Métaux (Bohême et Saxe) à l'ouest, et dans les anciens temps encore bien plus loin vers le cœur même de l'Allemagne; depuis la rive de la mer Glaciale jusqu'à celle des mers Adriatique et Noire, et jusqu'à l'archipel grec, voilà l'énorme domaine des Slaves d'Europe. Leur langue s'est aussi propagée à travers l'Asie septentrionale ou la Sibérie, jusqu'au nord de l'Amérique.

Le nom de *slave* vient d'un mot radical très-usité dans les langues indo-germaniques : sanskrit *çru*, grec κλυ (κλύω), lettique *klu* (lithuanien *klausau* j'obéis, *klausytojis* un auditeur, *prisiklausau* j'écoute, je fais attention; lettique *klausiht*, j'écoute, j'obéis); gothique *kliuma ou kliusma*, l'ouïe; dans l'ancien haut-allemand *hlôsên*, alémanien *losen*, c'est-à-dire *écouter*. Tous ces mots sont identiques par le sens comme par la forme.

Ce mot primitif *slu* se retrouve dans le vieux slave, dit slave ecclésiastique : *slysza*, j'écoute (1)

______

(1) Je me sers ici de l'orthographe des Polonais, excepté les mots bohêmes (tchèques).

et *sluch*, la réputation, le *on dit*, en latin *fama* ; chez les Russes *slyszat'*, *sluszat'*, *sluch'* ; chez les Tchèques *slyseti*, *po-sloueh-ati* ; chez les Polonais *sluehac'*, *slyszic'*, etc., etc. En outre : dans le vieux slave ecclésiastique, *sluga* le serviteur, *sluzba* le service, et également dans les idiomes modernes, tchèque *sluha* le serviteur, *slouziti* servir, etc.

Une modification de cette signification primitive est *se faire appeler, s'appeler, se nommer* : en russe *slyt'*, en tchèque *slouti* ou *sluju*, *slovo* le mot, la parole (ceci est commun à tous les dialectes) ; en polonais *slowit'* (c'est-à-dire parler, proclamer, comme le causatif en sanskrit *çrâva jâmi*). En troisième lieu, il prend la signification du latin *bene audire*, être célèbre ; ainsi le mot *slava*, gloire, honneur (commun à tous les dialectes).

Les nombreux dérivés gardent tous au fond le sens fondamental : russe *slavjanin* (1), *slavjanskij* ; polonais *slowianin*, *slowianski* ; tchèque *slovan*, *slovansky'* : c'est le nom que les Slaves se donnent eux-mêmes. *Slova'k* a cette signification un peu méprisante, qui s'attache à la syllabe dérivative *ak*,

____

(1) Inutile de dire que *l* (ce *l* avec un trait) en polonais et en russe signifie un *l* semblable au double *ll* des Espagnols.

comme *Prusak*, tandis que *Slovau* et *Prusan* ont une signification noble. Voilà donc les deux idées qui servent de base au nom slave : *la Gloire* et *la Parole*. Cette race s'appelle en même temps *les Glorieux* (de *slawa*), et *Ceux qui parlent* (de *slovo*), tandis que les étrangers sont qualifiés de *němec, němy*, c'est-à-dire *les Muets*, qui ne parlent pas slave. Le mot *němec* est spécialement attribué aux voisins occidentaux des Slaves : un Allemand s'appelle chez les Slaves un *němec*. Il en est de même du mot slave pour *rossignol*; cet oiseau s'appelle *slawik* en tchèque, *slowik* en polonais, *solowey* en russe, ce qui peut se traduire et par *oiseau glorieux*, et par *oiseau parlant*, c'est-à-dire oiseau qui chante avec tant d'expression qu'il semble parler.

Abstraction faite de l'idiome boulgare, qui se trouve aujourd'hui dans un grand désordre, tous les idiomes slaves sont beaucoup moins différents entre eux que le sont les idiomes de race germanique, ceux des Anglais, des Nordlandais (Scandinaves) et des Allemands. Un voyageur qui connaît à fond une seule langue slave, peut se faire comprendre dans chaque endroit slave, depuis les péninsules Ounalachka et Camtchatka jusqu'aux Monts Noirs (Montenegro) près la mer Adriatique, et depuis le Caucase jusqu'aux frontières de Bavière et de Saxe. Des dialectes allemands, par exemple le bas-allemand du Holstein et l'allemand helvétique, diffèrent entre eux davantage que le polonais, le tchèque, le lusacien et d'autres dialectes slaves.

La vieille forme slave connue sous le nom de *slave ecclésiastique*, ne diffère point énormément de la forme moderne ; il en est de même du grec ancien et du grec moderne. Les changements principaux de la langue slave se sont faits sous l'influence destructive exercée sur les consonnes précédentes par les *i* et les *j*. C'est ainsi que beaucoup de muettes furent déprimées au point de devenir de simples sibilantes et assibilantes ; de là, enfin, cette sibilation imprimant à la langue slave un cachet si particulier qui, toutefois, ne se rencontre pas également répandu dans tous ces idiomes.

Du reste, on a tort de leur reprocher une trop grande abondance en consonnes accumulées ; des voyelles très-pures et très-sonores sont toujours là pour adoucir les âpretés qui en pourraient naître. Ce préjugé défavorable est nourri par l'orthographe peu commode dont se servent les Polonais, qui expriment souvent un seul son par deux, même par quatre consonnes : ils ont, par exemple, leur *sz*, leur *cz*, leur *szcz*, tandis que les Russes l'expriment par un seul signe. Il faut toutefois avouer, que parmi les idiomes slaves la langue polonaise possède la plus forte quantité de consonnes sibilantes.

A l'égard de la grammaire, les dialectes slaves sont infiniment supérieurs à tous les idiomes germaniques et romanisés; ils se rapprochent beaucoup des langues synthétiques. Le substantif n'a pas d'article, et le verbe se conjugue presque partout sans pronom personnel.

Semblable au lithuanien, le slave a gardé les sept formes de la déclinaison; le placement des mots est par là moins embarrassé, et l'emploi des prépositions est restreint. Semblable à l'allemand et au lithuanien, le slave a conservé la forme double de l'adjectif, la forme déterminée et la forme indéterminée : celle-là, composée du pronom démonstratif; en tchèque, *zdravy' clověk* l'homme sain, et *clověk jest zdra'v* l'homme est sain. Le substantif a les trois genres; mais au pluriel surtout, le féminin et le neutre sont souvent confondus; le masculin des objets animés se sert du génitif au lieu de l'accusatif pour se distinguer du masculin inanimé.

Quelque chose de singulier se montre dans la conjugaison slave qui, n'ayant que peu de temps simples chez les Slaves modernes, aime à se servir du participe. Des verbes exprimant une *action momentanée*, sont appelés chez les Slaves ceux composés de prépositions, chez lesquels la *relation* n'est pas modifiée par une forme dérivée; ils n'ont pas de temps présent quant à leur *signification* et emploient la forme du temps présent dans le sens du temps futur. Cette manière slave de voir a quelque chose de profondément vrai, car une action *momentanée* ne saurait jamais être réellement dans le présent; elle est comme le *point géométrique* sans dimension et appartient soit au passé soit au futur.

Les verbes slaves, ayant beaucoup de formes dérivées (par exemple des causatives, des itératives, des combinaisons avec des prépositions), offrent une grande difficulté à celui qui, sans être Slave de nation, veut apprendre à se servir de cette langue. Il lui faut une étude spéciale pour bien saisir la différence qui existe entre les formes *perfectives* (momentanées) et les formes *duratives;* par exemple, en tchèque, *mreti* mourir, est duratif, c'est-à-dire a la signification d'une durée dans la phrase suivante : « Jean se meurt de (par l'instrumental) ennui, » *Ja'n mre dlouhou chwili,* avec le temps présent *mre;* tandis qu'on ne peut pas former un présent dans le verbe composé *u-mreti,* qui signifie

« mourir subitement, rapidement ; » ainsi *Ja'n umre* doit se traduire par « Jean va mourir. » Quand on veut former le présent d'un verbe composé d'une préposition, il faut amplifier le radical de ce verbe : *Ja'n umíra*.

Ces verbes signifiant une durée, on exprime le futur en paraphrase avec le verbe *budu, budes* (je serai) : *budu umirati*, je serai mourant. La même séparation est rigoureusement observée dans le temps passé : les verbes *perfectifs* ou *momentanés* ont de véritables parfaits, et les verbes *duratifs* ont des parfaits qui expriment une durée dans le passé. Par exemple, l'imparfait *on sil kdyz jsem prtsel*, il cousait (duratif) lorsque je vins chez lui ; mais avec le perfectif *on usit kaba't, pak mi ho poslal*, il cousit l'habit (jusqu'à la fin), puis il me l'envoya.

A l'aide de ces formes distinctes, on détermine les significations avec plus de précision que dans d'autres langues : *ten pa'n nese kaba't*, ce monsieur porte un habit, ce qui signifie qu'il le porte une fois sur le bras, en l'apportant ; mais *ten pa'n nosí kabat*, ce monsieur porte (comme vêtement) cet habit ; *ten pa'n nosiwa' kaba't*, signifie : ce monsieur à l'habitude de s'habiller de cet habit. Voilà donc trois expressions pour notre « il porte. »

Cette richesse formelle et flexive est tout à fait une richesse antique ; elle contribue beaucoup à la lucidité de la construction grammaticale. Chaque mot radical devient ainsi le germe d'un arbre largement ramifié de formes dérivatives, dont chacune à son tour, facilement reconnaissable, exprime un sens différent.

Félicitons donc les idiomes slaves de leur puissante vitalité dans le verbe et dans le substantif, de cette force productive qui est infiniment supérieure à celle de nos idiomes occidentaux décrépits. En revanche, les idiomes slaves ont bien moins que l'allemand et le grec la faculté de former des composés.

L'étrange participe du prétérit de l'actif en double *l*, qui revient si souvent dans la langue slave, est une de ses propriétés particulières, et la distingue même de la langue lithuanienne, sa sœur jumelle.

Parmi les dialectes slaves, il faut d'abord séparer ceux de l'ouest et ceux du sud-est. Mais il est difficile de réduire cette différence à des lois phonétiques bien déterminées. Quoi qu'il en soit, le savant Schaffarik (*Slov. národop. 3ti vyd. str.*, 8 *à* 74) en cite les suivantes :

Premièrement : *d* se rencontre intercalé devant *l* dans les idiomes slaves de l'ouest : *salo, sadlo* (la graisse, le suif de voiture); *mylo, mydlo* (le savon); *kadilo,* en tchèque *kadidlo,* en polonais *kadzidlo* (l'encens); *moliti sja, modliti se* (prier).

Deuxièmement : *d* et *t* dans les idiomes slaves de l'est s'effacent devant *l* et *n,* mais elles y restent dans les idiomes slaves de l'ouest : *jal, jadl* (mangea); *pal, padl* (tomba), *vjanu, vadnu* (je me fane); *svĕnu, svĕtnu, svitnu* (je m'éclaircis).

Troisièmement : les labiales *v, b, p, m,* quand elles sont suivies d'un *j* ou d'un son ayant une influence analogue à celle du *j,* se font suivre d'un *l* dans les idiomes slaves du sud-est : *zemlja, zemĕ, zemja* (terre); *toplen, topen* (chauffé); *korabl, korab'* (navire); *zeravl, zerab'* (la grue).

Quatrièmement : les Slaves du sud-est disent : *motriti* (avec *m* initial), et dans les dérivés *smotriti, smotrĕti, smotrati ;* mais les Slaves de l'ouest prononcent *patriti, patrzyc'* (regarder, contempler), etc. (avec *p* initial). N'oublions pas toutefois que ces marques ne sont que superficielles.

Voici les subdivisions en détail.

A. LANGUES SLAVES DU SUD-EST.

Russe, boulgare (avec le boulgare ancien et le slave ecclésiastique), illyrien (serbe, croate, slovène).

B. LANGUES SLAVES DE L'OUEST.

Lekhique (polonais), tchèque (bohême), serbe (en Lusace), polabique (n'existe plus).

Toutes ces variétés du grand idiome des Slaves pourraient fort bien se servir d'un alphabet commun, mais il n'en est rien. Les Slaves du rite grec ont adopté l'alphabet cyrillique, les Slaves du rite latin et du rite protestant ont l'alphabet latin et allemand.

L'alphabet cyrillique ou le *cyrillitza*, basé sur celui des Grecs, a été inventé, dit-on, par saint Cyrille, apôtre dans les pays slaves. On s'en sert encore aujourd'hui pour écrire la langue ecclésiastique, et la tribu de Ruthénie en Galicie s'en sert aussi ; il a produit l'alphabet des Russes et celui des Serbes. Les autres populations de la race slave ont des alphabets croate, illyrien, carinthien, lusacien, tchèque, polonais, etc. Espérons que les savants slavologues de nos jours y mettront quelque ordre ; ce sera un avantage et pour les étrangers et pour les Slaves eux-mêmes.

Un autre alphabet ecclésiastique se trouve chez les Slaves méridionaux du culte catholique ; ils l'ont appelé l'alphabet glagolite ou hiéronymique, parce que, disent-ils, *il a été introduit* *Jérôme*. Dobrovski a toutefois réfuté cette opinion et ne fait remonter l'usage de cet alphabet qu'au treizième siècle. D'après ce savant, l'alphabet glagolite fut inventé pour réintroduire sous une nouvelle forme la liturgie cyrillique qu'on avait défendu d'employer. Kopitar, au contraire, jugeant d'après un manuscrit appelé le *Codex clozianus*, qui a au moins la même antiquité que les plus anciens des manuscrits cyrilliques, prétend que l'alphabet glagolite est plus ancien que l'alphabet cyrillique. Je ne sais pas trop à quoi m'en tenir, mais ce point n'intéresse nullement la langue slave. L'alphabet glagolite est surchargé de signes bizarrement tracés, et on penche involontairement vers l'opinion de Dobrovski, quand on regarde attentivement les lettres glagolites, qui semblent en effet être une défiguration des lettres grecques et cyrilliques.

A. LANGUES SLAVES DU SUD-EST.

Russe (1).

Depuis les dernières limites de la Kamchatka en Sibérie, cet idiome se parle dans le nord de l'Asie,

(1) Quant à la bibliographie, je recommande la *Grammaire* écrite en

jusque dans la partie orientale de la Galicie autrichienne, et jusque dans le nord-est de la Hongrie.
Des colonies russes ont occupé beaucoup d'endroits
au milieu de la race tatare et finnoise aux environs
de la chaîne de l'Oural; d'autres colonies se trouvent
le long des rives du Volga, entre les Calmuques et
les Tatares, jusqu'à la mer Caspienne, dont ils embrassent le bord occidental et septentrional en direction parallèle avec le Caucase, en s'interposant
ainsi entre les peuplades caucasiennes et les Tatares nogaïques. A la mer d'Azof, ces colonies russes
rentrent dans le gros de la nation moscovite. Au
nord, l'idiome russe est limité par les mers septentrionales et par la race tatare, au midi par les
Valaques, à l'ouest par les Hongrois (Magyars). La
langue polonaise remplit à peu près le royaume
actuel de la Pologne.

La langue russe est une des plus mélodieuses
de toutes les langues slaves. Elle radoucit les dure-

langue russe par Nostokov; puis, en francais, la *Grammaire russe* précé-
dée d'une introduction, par Gretsch (2 vol., 1828, Saint-Pétersbourg).
De même, Puchmayer, *Lehrgebände der russ. Sprache*, d'après le système
de Dobrowski (1820, Prague; en français, le *Dictionnaire étymologique
de la langue russe*, par Reiff (1835, Saint-Pétersbourg), et les *Dictionnaires* de Schmidt (1831, Leipzig) et de Heym (1835, Leipzig). L'élève a
absolument besoin d'un manuel pourvu d'accentuation.

17.

tés des consonnes à l'aide de voyelles intercalées. Elle a tous les avantages de ses langues-sœurs, excepté celui d'employer partout le verbe sans le pronom personnel. Dans la plupart des cas, elle est obligée d'y ajouter ce pronom, comme cela se fait dans les langues analytiques. Le russe se divise en trois dialectes principaux : ceux de la Grande-Russie, de la Petite-Russie et de la Russie-Blanche, dont chacun se subdivise en beaucoup de dialectes secondaires. Tous sont sous l'influence permanente du dialecte littéraire ou moscovite, qui appartient à l'idiome de la Grande-Russie.

C'est d'après ce dialecte de Moscou que les grammaires enseignent la prononciation. Celle-ci s'éloigne quelquefois du mot écrit, tandis que d'autres dialectes slaves (par exemple le bohême, le polonais) possèdent une prononciation parfaitement conforme avec leur orthographe. Quant à l'accent des mots russes, il est libre; il n'est pas, comme en polonais et en tchèque (bohême), une fois pour toutes, fixé à telle syllabe. La langue russe n'a plus de *quantitation,* elle n'a qu'une accentuation.

Le dialecte de la Grande-Russie est à peu près limité par une ligne tirée du lac de Peipousse jusqu'à l'embouchure du Don dans la mer d'Azof. La partie nord-ouest de ce domaine grand-russe est occupé par le sous-dialecte de Novogorod.

Le dialecte de la Petite-Russie remplit la partie méridionale, depuis la Galicie orientale jusqu'au-delà de la limite sus-mentionnée du dialecte grand-russe, au nord de la mer d'Azof. Ce dialecte petit-russe diffère considérablement du dialecte grand-russe et se rapproche plus ou moins des idiomes occidentaux. Une variété du dialecte petit-russe se parle chez les Ruthènes ou Rusniaques, en Galicie, en Hongrie septentrionale et en Boucovine.

Le dialecte de la Russie-Blanche, le plus restreint de tous, prédomine dans toute la Lithuanie (c'est-à-dire dans les gouvernements de Vilna, Grodno et Bialostok) et dans une partie de la Russie-Blanche (c'est-à-dire dans les gouvernements de Mohilef, Vitebsk, Minsk, etc.) jusqu'à la rivière Pripet. « Ce dialecte, dit Schafarik, dans son *His-* « *toire de la littérature slave* (p. 141), est de date « plus récente, et se trouve rempli de polonismes ; « il a commencé depuis l'union politique des Li- « thuaniens et des Polonais. »

Boulgare.

A l'époque florissante de l'ancien royaume boulgare, quand les Hongrois, les Plafziens et les Pet-

chénègues n'étaient pas encore entrés en Transylvanie et en Pannonie, une seule langue slave régnait
dans toutes les provinces boulgares. Cette langue
s'était établie non-seulement au midi du Danube,
où elle existe encore, mais aussi dans les contrées
de la rive gauche ou septentrionale de ce grand
fleuve, c'est-à-dire dans la Daco-Roumanie ou Valaquie, dans la Transylvanie et dans la Hongrie actuelle; depuis le Danube, de Pesth et de Jager jusqu'à la chaîne des Carpathes ou Crapaks, et, de là,
jusqu'aux sources de la Theiss. Cette langue antique, à en juger d'après la traduction de la Bible et les
livres sacrés des Slaves, était entièrement analogue
au dialecte corrompu des Boulgares d'aujourd'hui.
Après l'occupation des pays au nord du Danube
par les Hongrois, les Plafziens et les Petchénègues,
peuples envahisseurs récemment arrivés, la langue
boulgare se maintint pourtant chez les peuplades
du sud-est du Danube. Ce fleuve forme la limite
septentrionale de la langue boulgare actuelle, qui
s'étend jusqu'à la mer Noire et le long du bord
occidental du Prouth; plus loin, le boulgare est
séparé de la mer Noire par la population grecque
de la côte maritime. Au sud, le boulgare touche à
une ligne tirée de Salonique jusqu'à Ocride, et
vers l'ouest, il s'arrête à une ligne qui remonte

jusqu'à Viddine sur le Danube. La continuité de ce large domaine de l'idiome boulgare se trouve interrompue par de petites mais nombreuses colonies turques.

Quant à la célèbre langue slave dite *ecclésiastique*, on fait bien de l'étudier dans les auteurs suivants : Dobrovski (1822, Vienne), « *Institutiones* « *linguæ slavicæ veteris;* » cet ouvrage n'est pas fait pour l'usage des élèves parce qu'il observe fort mal l'orthographe organique. Mieux vaut Kopitar : « *Glagolita Clozianus, id est codicis glagolitici* « *inter suos facile antiquissimi* — *leipsanon fo-* « *liorum XII membraneorum, servatum in bi-* « *bliotheca comitis Paridis Cloz;* » édition en caractères cyrilliques avec une introduction, un glossaire et une grammaire. Puis Vostokow, édition de l'*Evangile d'Ostromir,* avec un glossaire et une grammaire en russe (1843, Saint-Pétersbourg). Enfin Miklosick : « *Radices linguæ slove-* « *nicæ veteris dialecti* (1845, Leipzig); » du même : « *Chrysostomi homilia* (1835, Vienne); » du même : « *Vitæ sanctorum* (1847, Vienne); » du même : « *Lexic. linguæ slovenicæ veteris dia-* « *lecti* (1850, Vienne). »

D'où vient cette langue antique dite *la langue de l'Eglise slave?* On l'a regardée comme un idiome primitif, comme la mère de tous les idiomes slaves, comme, par exemple, la langue latine est la mère des idiomes latinisés : mais cette opinion est évidemment erronée.

Les apôtres Méthode et Cyrille, qui convertirent les Slaves au Christianisme, se sont servis, à ce qu'il paraît, de l'idiome ancien des Boulgares. Kopitar, au contraire, croit que cet idiome ecclésiastique ou cyrillique était celui des Slaves de la Pannonie, connus sous le nom de Carantans.

Quant à moi, je crois, avec le célèbre Schafarik, que l'idiome dit cyrillique ou ecclésiastique n'est rien autre chose que l'ancien idiome boulgare; et, sans énumérer ici toutes les raisons citées par ce grand savant, je ne communique à mes lecteurs que les points suivants, qui, selon lui, caractérisent l'ancien idiome boulgare :

1° *S* est intercalé devant un *t* radouci, c'est-à-dire devant *t* modifié par *i* ou par *j;* ainsi *noszt* (la nuit), pour *notj,* et *maszta* (je rends triste, j'afflige), pour *matja;*

2° *Z* (le *j* des Français) est intercalé devant un *d* radouci : ainsi, *mezda* (la frontière, *medja*), et *rozda* (engendrer, *rodja*);

3° Le génitif des mots en -*ago* (du bon, *dobrago*). Ce génitif n'existe plus chez les Boulgares modernes, qui ont perdu la déclinaison, que comme une vieille forme conservée dans des proverbes;

4° L'usage des pronoms personnels *mi, ti, si,* au lieu des pronoms possessifs ou appropriatifs *moj, tvoj, svoj,* par exemple *carstvo mi,* mon royaume; en outre, la combinaison du possessif *svoj* avec le personnel *jemu* et *si,* par exemple : « dans son château-fort, » se traduit par « dans son (à lui) château-fort, » *v* svojem jemu *gradĕ.*

L'idiome slave ecclésiastique n'existe donc aujourd'hui que dans la version de la Bible et dans les livres religieux des Slaves du rite grec, c'est-à-dire chez les Russes, les Boulgares et les Serbes. Pendant le moyen âge, il exerça une influence considérable sur le style des écrivains et aussi sur les langues de tous ces peuples. Aujourd'hui, il tient le milieu entre les langues mortes et les langues vivantes. Pour l'étudier, il faut recourir aux manuscrits les plus anciens, c'est-à-dire à ceux du onzième siècle. Parmi eux, on ne doit pas oublier, ce me semble, la célèbre pièce écrite en lettres cyrilliques du *Texte du Sacre,* à Rheims, sur lequel les anciens rois de France prêtèrent serment en recevant la couronne de saint Louis. Ce singulier document, égaré pendant la révolution de 1789, s'est plus tard retrouvé.

Il est presque superflu de dire que, comme tant d'autres idiomes antiques, la langue slave ecclésiastique est infiniment plus riche que chacune des langues de la même souche; elle en représente toutes les qualités particulières recueillies dans un seul faisceau. L'idiome moderne des Boulgares, au contraire, est dans un état pitoyable; c'est le seul, parmi tous les idiomes slaves, qui soit dégénéré et rabougri comme les idiomes de l'Europe occidentale. Il a perdu la déclinaison du substantif et les terminaisons des gradations de l'adjectif; il remplace l'infinitif par l'indicatif avec le préfixe *da;* comme le valaque et l'albanais, il attache l'article à la fin des mots, etc.

Illyrien.

Ce nom embrasse les trois dialectes des Serbes, des Croates et des Slovènes, domiciliés dans la partie occidentale de la Slavie méridionale; sa partie orientale appartient aux Boulgares. Le territoire de la langue illyrienne se circonscrit par un demi-cercle, convexe vers le nord, commençant de la mer Adriatique, au midi du lac de Bogano, et finissant en Albanie à la ville de Perserine; ce demi-cercle forme la limite méridionale vers les Albanais. Puis une ligne droite, tracée de Perserine jusqu'à Viddine sur le Danube, sépare la langue serbe de celle des Boulgares ; une ligne de Viddine à Temeschvar forme la limite orientale vers les Daco-Roumains ou Valaques ; enfin, une ligne passant par Temeschvar et Klagenfourt forme la limite septentrionale vers les Allemands et les Hongrois, et une ligne de Klagenfourt à Trieste forme la limite occidentale. Du reste, la rive de la mer Adriatique est romanisée, de sorte que la largeur de cette marge néo-latine est plus grande au nord qu'au sud. Dans la partie septentrionale de cette rive on rencontre des colonies allemandes, et dans sa partie méridionale des colonies turques.

Serbe (1). Cet idiome est plus harmonieux et plus riche en voyelles que tous les autres idiomes slaves. Beaucoup de consonnes sont, ou supprimées ou transformées en voyelles, par exemple *l*. L'accent serbe n'est pas forcé de s'appesantir toujours sur une et même syllabe, comme par exemple en polonais toujours sur l'avant-dernière.

(1) Vouk Stéfanovitch a écrit une petite *Grammaire serbe*, traduite en allemand par Jacob Grimm (1824, Leipzig), et un *Dictionnaire serbe-latin-allemand* (1818, Vienne en Autriche).

Ce beau et flexible idiome prédomine dans la majeure partie de l'Illyrie ; aux idiomes slovène et croate n'appartient que la partie nord-ouest, au nord d'une ligne tirée de Trieste jusqu'à la ville turque Doubitza, et un peu au delà.

Le serbe, dit son grammairien, l'érudit Vouk Stéfanovitch, peut être divisé en trois sections :

1° L'*idiome hertzégovin*, dans les provinces Hertzégovine, Bosnie, les Montagnes-Noires ou Montenégro, Dalmatie, Croatie et la partie supérieure de la Serbie dans la contrée de Matchva, jusqu'à Maliévo et Caranovatz ;

2° L'*idiome ressavique,* dans la contrée de Branitchévo sur la Résava, dans la contrée de Lévatch sur la Morava supérieure (cercle de Paratine), et sur la Rivière-Noire jusqu'à Négotine ;

3° L'*idiome syrmien* en Syrmie (pays de la célèbre capitale romaine Syrmium) et en Esclavonie ou Slavonie, dans le pays de Batchka, dans le banat de Témeschvar et dans la partie moyenne de la Hongrie, puis en Serbie entre les eaux du Danube, de la Save et de la Drave. Les Magyars, les Slovaques, les Tchèques, les Allemands, etc., désignent sous le nom de *Ratzes* ou *Raschanes* les Serbes du rite grec ; ce mot vient de la ville Novi Pazar, jadis appelée *Rass,* ancienne capitale de toute la Serbie.

CROATE ou mieux dit *Khorvate.* Ce dialecte se parle dans les comitats ou comtés de Varasdine, Kreutz et Agram; il forme la transition entre le serbe et le slovène; les Croates et les Slovènes n'ont pas imité les Serbes, qui rejettent la consonne *l* à la fin du mot et qui la remplacent par la voyelle *o.* En outre, il se parle dans des colonies nombreuses et peuplées dans la Hongrie occidentale.

La grammaire la plus récente du croate est de Kristianovitch (1837).

SLOVÈNE, ou *Couroutane,* ou *Vindique;* ce dialecte est limité par la Croatie, la mer Adriatique, l'Isonzo et la Drave. Il remplit les duchés autrichiens de la Carniole ou du Craïne (principalement), de la Carinthie et de la Styrie; un morceau de la Hongrie occidentale près la Rab et la Mour, un morceau du littoral illyrien et une partie de l'Istrie. On peut distinguer les dialectes du Craïne supérieur, inférieur et moyen, et les dialectes de Carinthie et de Styrie. Du reste son territoire est parsemé d'habitants italiens et allemands.

Kopitar en a écrit une *Grammaire* (1808, Laiback). — Murko a écrit une *Grammaire théorique et pratique* (1843, 2ᵉ édition, Gratz). — Jarnik a publié en 1832, à Klagenfourte, un *Essai étymologique sur l'idiome slovine*. Ces livres sont tous en langue allemande.

B. LES LANGUES SLAVES DE L'OUEST.

Polonais-Lekhique.

La nation des Lekhs, jadis si puissante, dont le nom nous sert à désigner cette section, parla dans le moyen âge plusieurs dialectes, qui ont disparu en Poméranie et en Silésie par l'invasion des conquérants et des colons allemands. Le lékhique est aujourd'hui représenté par deux dialectes, celui des Polonais et celui des Cachoubes.

Le polonais est un des trois grands idiomes slaves, dont nous avons déjà traité deux, le bohême et le russe. Ce dernier n'a qu'une littérature récente, tandis que celles du bohême et du polonais remontent à une antiquité très-reculée.

La langue polonaise se distingue particulièrement, parmi les autres idiomes slaves, par un radoucissement des consonnes très-varié. On l'exprime dans l'écriture par un accent sur la consonne

radoucie, quand elle est suivie d'une autre consonne ou qu'elle se trouve à la fin d'un mot; et par
un *i* lorsqu'elle précède une voyelle. Aussi y re-
marque-t-on beaucoup de consonnes sifflantes et
douces, avec leur modification forte et dure. Cette
expression délicate des sons, produite par les variations continuelles des mêmes consonnes, rend
cette langue très-difficile pour les étrangers; mais
dans la bouche des indigènes elle n'est point dure,
quoiqu'elle soit toujours gazouillante et frémissante.
Les nasales *a* et *e* (comme en français *on* et *in* dans
mon et *enfin*), ainsi qu'une très-forte modification
de la palatinale *l* en *l* avec un trait (comme en espagnol) donnent un caractère particulier à cette
langue. L'accent qui tombe toujours sur l'avant-
dernière syllabe, n'est point un avantage du polonais; les voyelles longues et brèves sont disparues
de sa prosodie. L'influence du latin sur la phrase
polonaise est évidente.

Une ligne, tirée de Grodno vers le midi jusqu'à
Sanok en Galicie, marque assez bien les limites
entre les pays, où l'on parle d'un côté le polonais
et de l'autre le ruthénien ou le russe proprement dit.

Au midi la langue polonaise s'arrête presque à
la chaîne des Carpathes.

A l'ouest, cette langue s'étend sur la Silésie autrichienne, sur une partie de la Silésie prussienne, ainsi que sur presque tout le grand-duché de Posen, et, par une large bande à la rive gauche de la Vistule, elle atteint la mer Baltique. Sur la rive droite de ce fleuve la population polonaise est moins forte en Prusse. Une ligne de Graudentz vers le nord jusqu'au lac Nébola et delà retournant à Grodno, représente les limites septentrionales entre la population polonaise, et celle des Allemands qui a remplacé les anciennes peuplades de cette contrée, ainsi que vers la population qui parle lithuanien.

En outre, le polonais est parlé par la noblesse et les habitants des villes dans la Lithuanie, la Volhynie, la Podolie, l'Oukraïne (Russie) et dans toute la Galicie (Autriche).

Les dialectes du polonais sont : le *mazourien* ou *mazovien*, aux environs de Varsovie, qui adoucit les consonnes sifflantes et change s*ch* en *s*, *tsch* en *ts*, etc.; — celui de la *Grande-Pologne* qui est principalement parlé dans les environs de Posen, Gnésen, Kalisch et Lentschitz ; — le *silésien* à l'est de l'Oder; — le *cracovien* ou celui de la *Petite-Pologne;* — sans compter plusieurs autres; le *polonais-lithuanien* enfin, qu'il faut distinguer de la langue lithuanienne.

La langue des Cachoubes, qui n'est qu'un dialecte polonais, n'existe plus aujourd'hui que dans un petit district près de la rive baltique entre Léba et Lauenbourg.

Dictionnaire polonais-allemand, arrangé d'après les racines, par Bandtkie, comme la seconde partie de sa *grammaire polonaise* pour les Allemands, Breslau, 1824 ; cette édition est revue par Dobrowski.

Dictionnaire polonais-allemand, par Linde, en 6 vol., Varsovie, 1807-1814 ; il donne la comparaison du polonais avec quelques autres langues et particulièrement avec les autres idiomes slaves.

Dictionnaire polonais-allemand, par Mrongovius, Kœnigsberg, 1835, et le *Dictionnaire allemand-polonais*, par le même, Kœnigsberg, 1847.

Plusieurs dictionnaires polonais-français et français-polonais, publiés à Varsovie, à Vilna, à Cracovie, à Léopol, à Posen, à Breslau, à Leipzig et à Paris.

Grammaire polonaise pour les Allemands, par Poplinski. 4e édit., à Lissa et à Gnésen.

Grammaire polonaise pour les Français, par X. Bronikowski, Paris, 1848.

Tchèque.

Cette langue possède plusieurs écrits savants : de Schafarik, *Eléments de la grammaire ancienne tchèque*, Prague, 1845 ; en allemand par Jordan, Leipzig, 1845 ; Dobrowsky, Prague, 1821 ; Ziak, Brunn, 1849 ; Jungmann, *Dictionnaire allemand-tchèque*, 1835, etc.

Cette langue est celle des habitants slaves de la Bohème, de la Moravie et de la partie nord-ouest de la Hongrie ; elle se rencontre fréquemment dans des districts nombreux de toute la Hongrie. Dans le royaume de Bohème (Tchéquie) cet idiome ne remplit pas toute la surface, il est entouré d'une zone allemande, qui est large surtout vers l'ouest. Vers l'est cet idiome est en contact avec l'idiome moravien ; la langue allemande traverse partout la Bohème et la Moravie, et des colonies magyares traversent l'idiome slovaque. Il faut distinguer deux dialectes, le dialecte tchèque en Bohème et Moravie et le dialecte slovaque.

La langue tchèque, proprement dite, c'est-à-dire la langue de la littérature, est riche en germes, mais ces germes n'ont pas été tous développés.

Quelques formes des substantifs et des adjectifs, surtout ceux en *i*, dont l'idiome tchèque, qui contracte les terminaisons finales en *i*, possède une grande quantité, ont une déclinaison extrêmement défectueuse; les substantifs qui terminent en *e* ont aussi plusieurs cas homotones. De la même manière on rencontre dans les terminaisons personnelles du verbe une homotonie incommode et la voyelle finale *i*, qui prédomine dans cette langue. Le principe de l'adoucissement des consonnes ne s'y trouve pas poussé jusqu'à l'extrême comme en polonais, mais la langue tchèque ne craint pas non plus une certaine dureté, produite par la combinaison des consonnes; elle ramène toujours l'accentuation sur la première syllabe du mot, en même temps qu'elle observe scrupuleusement la longueur et la brièveté des syllabes, ce qui donne à cet idiome une grande beauté poétique. La différence entre les deux sortes de *l* n'existe pas en tchèque. Du reste, le morave est encore plus beau et se rapproche beaucoup de l'ancien idiome, dont il existe quelques documents qui ne sont pas même tous livrés à la publicité. Les plus importants sont le *Jugement de Libouscha* (ixᵉ siècle), et les *Poésies* du manuscrit de Kœniginhof (xiiiᵉ siècle). On voit ainsi la différence des grands dialectes slaves remonter jus-

18.

qu'au IXe siècle, et on s'aperçoit que l'idiome, appelé idiome *slave de l'église*, existe seulement coordonné avec les autres, sans leur être supérieur. Dans l'idiome morave, cela va sans dire, il y a plusieurs particularités, comme il ne peut pas en être autrement chez un peuple composé d'une foule de petites tribus; Horakes, Hanakes, Slovaques, etc.

Le dialecte slovaque possède des beautés qui sont particulières à la langue ancienne des Tchèques, et l'on peut dire que, si le dialecte slovaque était cultivé avec intelligence et habileté, il produirait, pour ainsi dire, le modèle d'une véritable langue slave.

Dans le royaume de Bohème le dialecte occidental qui est inférieur aux autres, a eu l'honneur de se voir élevé au rang de langue régnante en littérature.

Parmi les tribus susmentionnées, il y a aussi celle des Valaques, c'est-à-dire *voisins des Polonais, Po-lach*, qui n'a rien de commun avec les Valaques roumains au bord du Danube.

La littérature grammaticale se compose des ouvrages suivants : Bernolak, *Grammatica slavica*, 1790; *deutsch von Brestyansky*, Ofen, 1817; Palkowicz, *böhmisch-deutsch-lateinisches Wör-*

terbuch mit Beifügung der den Slowaken und Mæhren eigenen Ausdrücke und Redensarten, 2 Theile, Prag und Pressburg, 1821; Bernolak, *Lexicon slavicum bohemico-lat.-germ.-ungaricum,* 6 tomi, Budæ, 1821-27.

Sorbe (Serbe) ou Vinde (Vende), dans la Lusace.

Cet idiome slave des Lusaciens slaves, jadis étendu sur toute la contrée des Sorbes, de la rivière Saale jusqu'à l'Elbe et à l'Oder, en Misnie, en Lusace, etc., n'existe aujourd'hui que dans un petit coin de la Haute et de la Basse-Lusace, depuis Lobau au sud jusqu'à Lubben au nord; la rivière Sprée (1) la traverse au milieu. Tout autour habite une population allemande.

Cet idiome consiste en deux dialectes : celui de la Basse-Lusace et celui de la Haute-Lusace, dont chacun occupe la moitié du territoire; mais celui de la Haute-Lusace est parlé par un nombre double d'habitants. Selon le savant tchèque Schafarik (1842), il y a dans la Lusace (Haute et Basse)

____

(1) Aux bords de laquelle est Berlin, capitale de la Prusse.

142,000 Slaves, c'est-à-dire 98,000 dans la Haute-Lusace et 44,000 dans la Basse-Lusace. Leurs deux dialectes sont profondément séparés et possèdent encore des variétés. Du reste, ils sont fortement germanisés, et toute la contrée est peuplée de nombreux habitants allemands.

Le dialecte de la Haute-Lusace a servi à la traduction de la Bible et à la rédaction de plusieurs autres livres ecclésiastiques. Haupt et Smoler ont publié, avec une version allemande, les poésies du peuple slave de la Haute-Lusace.

Ce dialecte est régi par des lois phonétiques qui le rapprochent de la langue tchèque, tandis que le dialecte de la Basse-Lusace ressemble plutôt à la langue polonaise; lui aussi possède une petite littérature ecclésiastique.

Bose, *Wendisch-Deutsches Handwörterb. nach dem oberslausitzer Dialecte;* Grimma, 1840. — Schmaler, *Deutsch-Wendisches Wörterb.;* Bautzen, 1843. — Jordan et Pfuhl, *Oberlausitzisch Serb. Deutsches Wörterb.;* Leipzig, 1844. — Jordan, *Grammatik der Wendisch-Serb. Sprache in der Oberlausitz (nach Dobrowskys System);* Prag, 1841. — Hauptmann, *Niederlausitzsche Wendische Grammatika;* Lübben, 1761. —

Zwahr, *Niederlaus. Wendisch-Deutsches Handw;*
Spremberg, 1846.

Polabe.

Sous le nom de Polabes (c'est-à-dire *habitants
de l'Elbe,* de *po,* à côté, et *Labe,* l'Elbe), le savant
Schafarik entend toutes les tribus slaves qui jadis
ont habité les deux rives de l'Elbe inférieure. Au
nord, ils touchaient à la mer Baltique, depuis l'embouchure de l'Oder jusqu'à Kiel, y compris les îles
de Rugue, Volline et Fehmarn. Vers l'est, ils étaient
les voisins des Polonais, des Lusaciens, et vers le
sud-est ils touchaient aux Tchèques. Les rivières
Elbe et Saale étaient leurs frontières occidentales ;
mais leurs colonies s'étaient étendues jusqu'à Lunebourg, et, vers le sud, jusqu'en Thuringe, jusqu'au Mein et jusqu'à la Rednitz, c'est-à-dire jusqu'au milieu des Allemands.

Les peuplades polabes sont citées dans le commencement du moyen âge, par les historiographes
allemands, sous des noms multiples : Obotrites,
Bodritzes, Vagriens, Velètes, Drévaniens, etc. Les
Drévaniens habitaient la province hannoverienne
de Lunebourg et la province prussienne de la

Vieille-Marche (Altmark). Dans leurs domaines étaient les villes de Lüchow, Hitzacker, Wustrow, Bergen et Klenze, qui sont primitivement des noms slaves.

Cette petite branche des Obotrites a bravé plus longtemps que les autres Slaves de cette région les invasions des Allemands, et, au milieu de ces tristes plaines sablonneuses, elle a conservé sa langue maternelle jusqu'à la fin du dix-septième siècle, peut-être même par ci et par là jusqu'aujourd'hui. Sa littérature se compose de quelques productions ecclésiastiques.

7. — Famille germanique ou germaine.

Nous suivrons ici le célèbre ouvrage de Jacob Grimm (*Deutsche Grammatik*, 4 vol., 1819-1837; 3ᵉ édit., 1840, Gottingue).

Les Romains appliquèrent le nom de *Germani* à plusieurs tribus allemandes; il est, du reste, inutile de savoir si l'origine de ce mot se trouve dans l'adjectif latin *germanus* ou dans le mot allemand *Irman*, *Erman*, etc., *Irminsul* et autres compositions. Le nom *Deutsch* (prononcez *Do-itch*),

en opposition avec le nom *Scandinave,* dans les
îles et dans les péninsules, désigne le germanique
du continent, par conséquent aussi l'anglo-saxon.
Le mot *deutsch* se retrouve déjà dans la langue gothique : *thiudiskô,* ἐθνικῶς ; *thiu-disks,* ἐθνικός, de
thiuda, ἔθνος; dans l'allemand ancien, *diutisc,* de
diot ; en anglo-saxon, *theôdisc,* de *theôd ;* ce qui
signifie en latin *gens, gentilis, gentilitius, popula-
ris, vulgaris.*

Le savant Jacob Grimm dit : « Nous autres Ger-
« mains possédons un idiome qui diffère de ceux
« des autres nations par quatre signes : par la va-
« riation du son (*Ablaut*), la métathèse du son,
« le verbe faible et le substantif faible. Nous avons
« deux fois fait la métathèse du son, c'est-à-dire sa
« transplantation ; nous avons érigé la variation
« du son en loi dominante de la conjugaison forte,
« et nous avons appliqué la déclinaison faible aux
« substantifs et aux adjectifs. » (Jacob Grimm,
Geschichte d. deutsch. Sprache ; 2 vol, 1848; II,
1031.)

Nous allons maintenant expliquer les quatre
signes distinctifs de la famille germanique. La
transplantation du son est essentiellement caractéristique, et elle imprime, pour ainsi dire, le timbre
germanique même aux racines que nous avons en

commun avec les autres langues. Nous parlons par conséquent d'abord de la transplantation du son.

En comparant les mots des autres langues de la même souche, par exemple les mots grecs avec les mots gothiques, on trouve que les consonnes qu'on appelle muettes (*muta*) conservent leurs qualités (labiales, dentales, etc.), mais que presque toujours elles sont différentes en quantité, et cela en vertu d'une loi solidement établie.

Une loi semblable, d'après la différence simplement quantitative, se manifeste du reste entre le gothique et l'ancien haut-allemand ; il va sans dire que les *tenuis, media, aspirata,* etc., se distinguent par la quantité. Sur le même niveau avec le gothique se trouvent toutes les autres langues germaniques à l'exception des dialectes haut-allemands, qui, en général, sont restés fidèles au niveau de l'ancien haut-allemand.

La loi dont il s'agit est celle-ci : la *media* de chacun des trois organes de la bouche humaine (du gosier, des dents et des lèvres) se transforme en *tenuis,* la *tenuis* se transforme en *aspirata,* et l'*aspirata* se transforme de nouveau en *media.* Cette loi phonétique exprime par conséquent une rotation circulatoire des quantités du son. Il s'agit donc ici des sons de toutes les trois qualités, et, puisque chaque qualité dispose de trois degrés de quantités, nous voyons naître ici neuf séries sous la loi de la transplantation du son. Voici leur tableau théorique :

	LABIAL.			DENTAL.			GUTTURAL.		
	TEN.	MED.	ASP.	TEN.	MED.	ASP.	TEN.	MED.	ASP.
GREC (ou une autre langue indo-germanique).	p	b	ph	t	d	th	k	g	ch
GOTHIQUE (ou une autre langue non haut-allemande).	ph	p	b	th	t	d	ch	k	g
ANCIEN HAUT-ALLEMAND.	b	ph	p	d	th	t	g	ch	k

En réalité, les lois phonétiques de chaque langue modifient cependant assez souvent cette loi générale.

Dans plusieurs langues appartenant à la première ligne (par exemple en grec ou dans une autre langue indo-germanique), quelquefois les consonnes en question n'existent pas, c'est-à-dire elles sont remplacées par d'autres consonnes ; le latin, par exemple, ne possède pas de véritables aspirées, qu'il remplace par les spirantes f et h, ou par des muettes non aspirées. En outre, dans la langue go-

thique il n'y a pas d'aspirées labiales et gutturales,
au lieu desquelles on rencontre les spirantes correspondantes *f* et *h*. Or, puisque ces spirantes *f* et
h sont dépourvues de l'élément muet, qui seul est
capable d'être développé, la transplantation des sons
doit être maintenue. Aussi les dialectes haut-allemands conservent la gradation gothique des sons.
Du reste, le haut-allemand se sert de *z* pour l'aspirée dentale, de sorte que la série gothique et la série
du haut-allemand-ancien prennent en effet la forme
suivante :

Gothique.	*p*	*b*	f,	*t*	*d*	*th,*	*k*	*g*	h
H.-All.-Anc.	*ph*	*p*	f,	*z*	*t*	*d,*	*ch*	*k*	h

EXEMPLES :

1° ***P**, f,* en sanskrit *pitr*, en latin *pater*, en grec
πατήρ, en gothique *fadar*, en haut-allemand-ancien
fatar, haut-allemand-moderne *vater*, père.

Sanskrit *pantscham*, grec πέμπε, lithuanien *pen-
ki*, slave *pent*, kymri *pump*, gothique *fimf*, haut-
allemand-ancien *finf*, haut-allemand-moderne
fünf, cinq.

Latin *piscis*, kymri *pysg*, gothique *fisks*, haut-
allemand ancien *fisc*, haut-allemand-moderne *fisch*,
poisson.

En sanskrit *padas*, latin *pes*, grec πούς, lithuanien *pedas*, gothique *fôtus*, haut-allemand-ancien
fuoz, haut-allemand-moderne *fuss*, pied, et beaucoup d'autres.

2° *B, p, ph*, cette série n'existe pas pour le commencement du mot; chaque mot gothique, qui
commence par *p*, et chaque mot du haut-allemand-
ancien qui commence avec *ph* ou *pf*, est un mot
étranger.

κάνναβις, nordlandais-ancien *hampr*, anglo-saxon
henep, anglais *hemp*, haut-allemand-ancien *hanof*,
haut-allemand-moderne *hanf*, chanvre.

Lithuanien *gelbmi*, gothique *hilpa*, haut-allemand-ancien *hilfu*, haut-allemand-moderne *hel-
fen*, aider.

3° *Ph , b, p :* grec φηγός, latin *fagus*, gothique
bôka, haut-allemand-ancien *puocha*, haut-allemand-
moderne *buche*, hêtre.

Grec φύω, latin, *fui, fio,* anglo-saxon *beo ,* haut-
allemand-ancien *pim*, haut-allemand-moderne *bin*,
je suis.

φρατήρ, latin *frater*, gothique *brôthar*, haut-allemand-ancien *pruodar ,* haut-allemand-moderne
bruder, frère, et beaucoup d'autres.

Le haut-allemand-moderne continue ici la rotation des sons.

4° *T*, *th*, *d* : sanskrit *twam*, latin *tu*, gothique *thu*, haut-allemand-ancien *dû*, haut-allemand-moderne *du*, tu.

Sanskrit *tat*, grec τό, gothique *thata*, anglo-saxon *thät*, haut-allemand-ancien *daz*, haut-allemand-moderne *das*, le.

Slave *trn''*, gothique *thaurnus*, haut-allemand-ancien et moderne *dorn*, l'épine.

5° *D*, *t*, *z* : sanskrit *dantas*, latin *dens*, lithuanien *dantis*, gothique *tunthus*, haut-allemand-ancien *zand*, haut-allemand-moderne *zahn*, dent.

Sanskrit *daçan*, latin *decem*, grec δέχα, lithuanien *deszimt*, slave *desent*, gothique *taihun*, anglo-saxon *teon*, haut-allemand-ancien *zëhan*, haut-allemand-moderne *zehn*, dix.

Sanskrit *druma*, grec δρῦς,, slave *drjevo*, kymri *derwen*, gothique *triu*, anglo-saxon *treov*, anglais *tree*, nordlandais-ancien *tré*, arbre, chêne.

Sanskrit *dva*, grec δύο, latin *duo*, lithuanien *du*, slave *dva*, irlandais *do*, gothique *tva*, haut-allemand-ancien *zuei*, haut-allemand-moderne *zwei*, etc. deux.

6° *Th, t, d :* le *th* primitif se représente en latin et en éolien par *f* et par φ; φήρ, en éolien φϑήρ, latin *fera*, gothique *dius*, anglo-saxon *deor*, anglais *deer*, haut-allemand-ancien *tior*, haut-allemand-moderne *thier*, animal.

Sanskrit *madhu*, grec μέϑυ, anglo-saxon *meodo* , haut-allemand-ancien *methu*, haut-allemand-moyen *mete*, haut-allemand-moderne, *meth*, hydromel.

Θυγάτηρ, gothique *dauthar*, haut-allemand-ancien *tothar*, haut-allemand-moderne *tochter*, fille.

7° *K* et *h :* κάλαμος, latin *calamus* , nordlandais-ancien *hálmr*, haut-allemand-ancien *hallam* , haut-allemand-moderne *halm*, la tige de l'herbe.

καρδία, latin *cor* (*dis*), gothique *hairtô*, anglo-saxon *heort*, anglais *heart* , haut-allemand-ancien *herzâ*, haut-allemand-moderne *herz*, cœur.

κέρας, latin *cornu* , gothique *haurn* , haut-allemand-ancien et moderne *horn*, corne.

8° *G, k, ch :* sanskrit *gô*, anglo-saxon *cû*, haut-allemand-ancien *chuo* , haut-allemand-moderne avec la ténuis *ku ;* la gutturale ne se trouve dans ce mot que dans les dialectes du haut-allemand-moderne, par exemple dans le dialecte suisse.

ἐγώ, latin *ego*, gothique *ik*, haut-allemand-ancien *ih*, haut-allemand-moderne *ich*, je.

ζυγόν, latin *jugum*, lithuanien *jungas*, gothique *juk*, anglais *yoke*, haut-allemand-ancien *joh*, haut-allemand-moderne *joch*, joug.

γόνυ, latin *genu*, gothique *kniu*, haut-allemand-ancien *chniu*, haut - allemand - moderne *knie*, genou.

Latin *gelidus*, gothique *kalds*, haut - allemand-ancien *chalt*, haut-allemand-moderne *kalt*, froid.

9° *Ch, g, k :* χέω, χυτός, gothique *giuta*, haut-allemand-ancien *kiuzu*, haut - allemand - moderne *giesze*, verser.

λείχειν, latin *lingere*, gothique *laigon*, haut-allemand ancien *lecchon*, haut-allemand-moderne *lecken*, lécher.

χολή, latin *fel*, nordlandais-ancien *galla*, haut-allemand - ancien *kalla*, haut-allemand-moderne *galle*, fiel.

Tandis que la transplantation des sons est tout à fait caractéristique pour la langue allemande, nous rencontrons des exemples analogues pour le deuxième signe distinctif des idiomes germaniques, c'est-à-dire pour la variation des sons. Ce phénomène est presque identique avec ce qu'on appelle, en allemand, la conjugaison *forte*, qui consiste précisément dans la variation de la voyelle radicale : par exemple la conjugaison forte et variable *nehmen, nahm, genommen*, et la conjugaison faible *lieben, liebte, geliebt*.

En germanique il y a trois voyelles primitives *a, i, u;* elles sont les trois sources de toutes les autres voyelles, et en se combinant avec une régularité merveilleuse, ces trois voyelles primitives produisent toutes les autres voyelles qui sont possibles en allemand. Leur nombre est par conséquent trois fois trois :

a	*ia*	*ua*
i	*ui*	*ai*
u	*iu*	*au*

Cette formule purement théorique subit nécessairement des exceptions dans chaque langue, et par conséquent aussi dans l'idiome gothique. Les voyelles gothiques se forment de la manière suivante :

a	*é*	*ó*
i	*ei*	*ai*
u	*iu*	*au*

A ces voyelles gothiques répondent, d'après des lois fixes, les voyelles dans les autres langues germaniques. Un phénomène secondaire est l'obscurcissement de la voyelle dans la syllabe précédente par l'influence de la voyelle, en général *i*, dans la syllabe suivante ; par exemple haut-allemand-ancien *palk*, en pluriel *pelki*. Un autre phénomène secondaire est la contraction de deux voyelles en une voyelle brève, qu'on peut se représenter comme composée de deux fractions ($\frac{1}{2} + \frac{1}{2}$ ou $\frac{1}{4} + \frac{3}{4}$ ou *vice-versa*).

Cela arrive en allemand primitivement devant certaines consonnes gothiques *h* et *r*, par exemple *hairto* pour *hirto*, haut-allemand-ancien *hërzâ*, haut-allemand-moderne *herz*, cœur ; gothique *haurn* pour *hurn*, haut-allemand-ancien et moderne *horn*, corne. Ces lois phonétiques sont par conséquent étrangères à la variation des sons, qui s'est développée librement d'elle-même, et sans subir l'influence d'un autre son. Cet obscurcissement de la voyelle germanique se trouve aussi dans la langue zend ; quant à la fraction du son, elle se trouve dans beaucoup d'autres langues. La famille germanique se distingue essentiellement des voisines, en cela qu'elle n'a exprimé dans ses formes les plus anciennes que seulement deux temps du verbe, le présent et le passé. On peut donc dire, que la variation des sons sert pour modifier la racine des verbes les plus anciens, dans le but de représenter la différence qui existe entre le présent et le passé. Par conséquent, la variation des sons est la plus haute expression de la flexion.

Cinq conjugaisons variables se forment donc, dans lesquelles la voyelle du temps présent est différente de celle du temps passé. Seulement la troisième conjugaison conserve la même variation pour le singulier et pour le pluriel du passé, tandis que les autres quatre conjugaisons changent la voyelle en singulier et en pluriel. La voyelle du pluriel de l'indicatif revient toujours dans le singulier et dans le pluriel de tout le subjonctif; la voyelle du participe passé harmonise tantôt avec le présent, tantôt avec le pluriel, mais non avec le singulier du passé. Une fois aussi le participe passé possède une variation particulière.

Tout ce que je viens d'expliquer se rapporte seulement à l'idiome gothique, qui est le plus ancien de tous les idiomes germaniques. Dans les autres, il y a encore quelquefois une variation apparente, le résultat de la réduplication primitive qui s'est conservé dans le gothiquee.

Les cinq conjugaisons variables du gothique sont les suivantes :

I.	prés. *i*,	passé sing.	*a*,	passé plur.	*u*,	part.	*u.*
II.	*i*,		*a*,		*ê (ia)*,		*i, u.*
III.	*a*,		*ô (ua)*,		*ô (ua)*,		*a.*
IV.	*ei (ui)*,		*ai*,		*i*,		*i.*
V.	*iu*,		*au*,		*u*,		*u.*

En comparant les voyelles de ce tableau avec le tableau sus-mentionné, on trouve des modifications notables. Voici des exemples de la variation des sons :

1° Changement de toutes les trois voyelles brèves : *finthan*, singulier du passé *fanth*, pluriel du passé *funthum ;* participe du passé *funthans, finde, fand, fanden, gefunden*, (je) trouve, trouvait, trouvaient, trouvé ; *hvairban* (ici *ai* remplace *i* devant *r*) ; *hvarb, hvaurbum* (*au* pour *u*), *hvaurbans, werbe, warb, warben, geworben ;* acquérir, gagner.

2° *Stilan , stal, stêlum, stulans, stehlen, stahl, stahlen, gestohlen*, commettre un vol ; *ligan, lag, lêgum, ligans, legen, lag, lagen, gelegen*, mettre.

3° *Faran , fôr , fôrum , farans , fahren , fuhr, fuhren, gefahren*, aller, marcher ; *skapjan , skôp, skôpum, skapans, schaffen , schuf, schufen , geschaffen*, créer.

4° *Skeinan, skain, skinum, skinans, scheinen, schien, schienen , geschienen*, luire ; *greipan*, *graip, gripum, gripans; greifen, griff, griffen, gegriffen,* saisir.

5° Tout à fait parallèle avec le numéro 4 : *kiusan, kaus, kusum, kusans, küren (kiesen), kor, koren, gekoren,* choisir ; *biugan, baug, bugum, bugans, bog, bogen, gebogen,* fléchir.

Il y a une grande différence entre ces formes fortes et les formes correspondantes de la conjugaison faible. Tandis que le verbe fort repose sur la variation des voyelles et sur le redoublement dans les verbes faibles, il forme son passé à l'aide d'un verbe auxiliaire, qui se combine avec lui par une voyelle. Ce verbe auxiliaire est nécessairement un verbe primitif, par conséquent un verbe fort ; c'est notre verbe moderne *thun* (faire), mais qui ne se représente pas comme verbe séparé en gothique, dans la forme qui sert de base à la conjugaison. Ainsi, en gothique, le passé de la première personne, *fiskóda, ich fischte,* j'ai pris des poissons ; deuxième personne, *fiskódés ;* troisième personne, *fiskóda ;* plus clairement encore se montre en pluriel et en duel le passé du verbe auxiliaire, qui avait été abrégé dans le singulier : duel, première personne, *fiskódédu ;* deuxième personne, *fiskódéduts ;* pluriel, première personne, *fiskódédum ;* deuxième personne, *fiskódéduth ;* troisième personne, *fiskôdêdun.* En subjonctif, *fiskôdéd-jau,* etc. Il y a dans les langues voisines quelque chose de semblable, mais en allemand cette formation particulière se fait d'après une loi sévère.

Nous venons donc de voir un verbe se combiner avec un autre verbe ; de même dans la déclinaison faible un pronom se combine avec le nom ; comparez-y en slave *on, ona,* en lithuanien *ans, ana,* etc. Cela se démontre surtout par la déclinaison des adjectifs, dans laquelle la combinaison avec le pronom, c'est-à-dire la forme *faible,* exprime tout à fait le même rapport, c'est-à-dire le rapport *déterminé,* qui se trouve exprimé en slave et en lithuanien par les formes correspondantes composées avec le pronom. Par exemple :

SINGULIER.

MASCULIN.	FÉMININ.	NEUTRE.
blinda	*blindô*	*blindô*
blindins	*blindôns*	*blindins*
blindin	*blindôn*	*blindin*
blindan	*blindôn*	*blindô*

PLURIEL.

blindans	*blindôns*	*blindôna*
blindané	*blindônô*	*blindônê*
blindam	*blindôm*	*blindam*
blindans	*blindôns*	*blindôna*

Ces formes sont abrégées, et les formes plus

complètes existent par ci par là. Dans celles-ci, le *n* du pronom se trouvait aussi dans le nominatif du singulier et dans le datif du pluriel. Les substantifs faibles sont déclinés comme les adjectifs. Il existe des analogies dans les autres langues, mais ces formes exactes et rigoureuses ne se trouvent que dans l'idiome germanique. Du reste, ce que je viens de dire du gothique, qui est la forme la plus antique du germanique, revient aussi dans chaque dialecte.

Les langues germaniques doivent être séparées en deux sections d'après la loi de la transplantation des sons (voyelles); l'une de ces deux sections se compose des idiomes qui sont sur le même niveau avec le gothique, l'autre embrasse les idiomes germaniques qui possèdent une transplantation plus large, c'est-à-dire le haut-allemand.

Quant à la langue gothique, j'en ai déjà parlé suffisamment. Un ouvrage très-utile s'intitule : Gablentz et Lœbe, *Ulfilas. Veteris et novi Testaménti versionis gothicæ fragmenta , quæ supersunt cum glossario et grammatica linguæ gothicæ.* Altenb. et Lips. 1843-46.

À ceux qui commencent ces études, il faut recommander : Hahn, *Answahl aus Ulfilas mit*

woerterbuch und grundriss der gramm. Heidelberg, 1849.

Le gothique doit être étudié dans les fragments
de la traduction gothique de la Bible, faite par
Oulfilas (mort en 388). La grammaire germanique
n'a trouvé une base solide que dans la langue gothique, et on a réussi à ériger sur elle un édifice
scientifique tellement parfait sous tous les rapports, qu'aucune autre nation n'en possède de
semblable. Mais ce magnifique idiome des Germains orientaux s'est éteint.

Regardons d'abord les langues qui montrent une
transplantation égale au gothique. Ces langues
peuvent être classées l'une sous l'autre ; il faut distinguer avant tout les langues allemandes (les langues *der Deutschen*), c'est-à-dire les langues indigènes du continent, et les langues de la Scandinavie
ou les langues nordlandaises. L'idiome du nord
scandinave possède deux signes particuliers : les
suffixes de l'article et la flexion passive.

L'article qui s'accroche au substantif, se forme
avec le pronom démonstratif *hinn*, *hin*, *hit*. De
même on a ajouté aux verbes un pronom réflexif,
et la signification médiale est devenue plus tard
une signification passive. Le même phénomène s'est

manifesté en latin ; mais en lithuanien la signification réflexive (*médiale*) s'est maintenue ; et en
slave, le passif est souvent remplacé par le médium.

Voici quelques exemples : nominatif du singulier, *svein*-inn, *eign*-inn, *skip*-it, le garçon, la propriété, le navire ; génitif, *svein*-ins, *eignar*-innar,
skip-in, etc. — Le présent de l'actif, *brenni*, *bren-
nis*, *brennir*, *brennum*, etc., *brenne*, *brennest*, etc.
Passif, *brenni-st*, pour toutes les personnes du
singulier : je brûle, tu brûles, etc. je suis brûlé, etc.;
en pluriel, *brennum-st* ; le passé de l'actif, *brendi*,
brannte, *brendum* (nous), *brannten*, etc. Passif,
brendi-st, brendum-st, etc., j'ai brûlé, nous avons
brûlé, etc. ; j'ai été brûlé, etc.

L'idiome antique du nord scandinave possède
encore aujourd'hui une organisation primitive dans
sa grammaire. Presque toutes les poésies du célèbre recueil, nommé *Edda*, datent évidemment du
paganisme ; il en est de même des discours en
prose. Cette langue antique du nord scandinave,
transférée de Norvége en Islande, existe encore
aujourd'hui à peu près dans sa figuration primitive
sur cette île des glaces, qui est si éloignée du monde
civilisé, tandis que le suédois, et surtout le danois,
deux idiomes qu'on peut appeler les représentants

du nordlandais moderne, se trouvent actuellement dans un état qui a subi beaucoup de modifications et d'affaiblissements. Les langues de la Suède et du Danemark possèdent également l'article suffixe, et le passif formé à l'aide du pronom réflexif. L'idiome danois, comme l'idiome haut-allemand-moderne, a très-souvent remplacé *a* par *e*, c'est-à-dire il a perdu sa sonorité primitive. En outre, le danois a déprimé au niveau d'un simple dialecte local la langue norvégienne, avec laquelle il était lié par une étroite parenté. Ajoutez-y aussi l'idiome des îles *Färœr* (prononcez *Faireuer*), et l'idiome des îles Shetland et Orkney, qui renferment quelques éléments galiques.

Haldorsonii, *Lexicon Islandico-latino-danicum*, édit. Rask; Kopenh., 1814. Rask, *Kortfattet Veiledning til det old nordiske eller gamle islandske Sprog.*, Kopenh., 1832, en allemand par Wienbarg, Hamb., 1839; en anglais, par Webbe Dasent, Frankf., 1843; Sjöborg, *Schwedische Sprachlehre für Deutsche* (5ᵗᵉ Aufl.), Strals., 1841. Dietrich, *Ausführliche schwedische Grammatik mit Chrestomathie und Woerterbuch.* Stockholm, 1840, etc. — *Grammatiken*, v. Rask., Kopenhagen, 1830. — Strodtmann, Altona, 1830;

— Petersen, Kopenh., 1830. — v. Schepelern, Schlesw., 1831, etc. — *Wœrterb.*, v. Grönberg, Kopenh., 1836-39 (2te Ausg.)

Molbech, Kopenh, 1833, *mit Supplementen* v. Baden, 1834, et Dahl, 1834-35, etc. — Hansan, *Tysk. norsk. Haand. Ordbog*, Christiania, 1840. — Hals, *Norsk Sproglaere*, Christ., 1836. — Schram, *Principes de la langue danoise et norvégienne*, Kopenh., 1839.

La langue anglaise avec beaucoup de dialectes, parmi lesquels celui des Écossais est important, domine en Grande-Bretagne, là où elle n'a pas encore effacé la langue celtique de la Haute-Écosse, du pays de Galles (*Wales*, prononcez *Ouailes*), de l'île Man et de l'Irlande. En outre l'anglais se parle dans toutes les parties du monde. C'est une langue issue de la souche anglo-saxonne.

Les Anglo-Saxons ne sont entrés dans la Grande-Bretagne que vers le milieu du cinquième siècle, et ils nous ont laissé une foule de livres. Le trésor étymologique de la langue anglaise a adopté plusieurs mots des indigènes celtiques, et beaucoup plus encore des conquérants romanisés, c'est-à-dire des Franco-Normands. L'anglais porte toujours le type anglo-saxon, mais en même temps il est d'une pauvreté extrême quant aux terminaisons grammaticales.

Presque tous les mots germaniques sont devenus des monosyllabes, et la prononciation diffère énormement de l'écriture ; ce qui prouve que la langue d'une nation historiquement importante peut dégénérer avec une rapidité incroyable.

L'ouvrage lexical le plus important est celui du docteur Samuel Johnson , 1755 : *Dictionary of the english language,* complété par Foord, 1818 ; 4 volumes, Londres ; 1828, 2 volumes, Heidelberg. Il faut aussi citer les lexicographes Walker (1832), et Webster (1842), dont le premier a fait beaucoup d'efforts pour établir une bonne orthoépie. Du reste, les Anglais n'ont pas encore une grammaire vraiment scientifique. Parmi les grammaires pratiques, à l'usage des écoliers, il faut mentionner celle d'un Allemand, Hæussy (1842, Parchim).

Sur le continent l'idiome anglo-saxon n'existe plus, mais il a laissé des idiomes-frères parmi les dialectes de la Basse - Allemagne. Un voisin de l'anglo - saxon et de l'ancien nordlandais est l'idiome frison, qui diffère beaucoup des autres dialectes bas-allemands. Wiarda, *Alfriesisches Wör-*

terbuch, Aurich und Bremen, 1786. — Hettema, *Proeve van een friesch en nederlandsch woordenboek*. Leuward , 1832. — Outzen , *Glossar der friesischen Sprache, besonders der nordfriesischen Mundart. Herausgeg,* v. Engelstoft u. Molbech, Kopenh., 1837. — v. Richthoven , *Altfriesisches Wöerterb.*, Gött., 1840. — Rask, *Frisisk sproglaere,* Kopenh., 1825. *Holländisch von Hettema, Leuward ,* 1832. *Deutsch ,* v. *Buss.* Freiburg, 1834.

Le frison ancien , qui n'est connu que par des documents de l'époque du haut-allemand-moyen, manifeste pourtant une organisation primitive, qui se rapproche du haut-allemand-ancien. Au moyen âge l'idiome frison , dans ses trois divisions de l'est, du nord et de l'ouest, dominait dans la vaste contrée au bord septentrional de l'Allemagne , entre le Rhin et l'embouchure de l'Elbe , de sorte que cet idiome se parlait même au nord de l'embouchure de l'Elbe ; mais il a cessé d'être une langue littéraire , depuis que son peuple se trouve incorporé à la Hollande, au Danemark et à l'Allemagne proprement dite. A l'heure qu'il est cet idiome se parle surtout dans la Frisonie occidentale et orientale, y compris les petites îles voisines, tandis que la langue de la Frisonie septentrionale, au bord occidental du Sleswig et sur les îles voisines, a subi beaucoup de modifications.

Le reste, appartenant à la première classe des langues germaniques, peut être compris sous le nom de bas-allemand. Il faut citer surtout le néerlandais, appelé par les indigènes *nederduitsch*, c'est-à-dire bas-allemand, et l'idiome bas-allemand proprement dit, c'est-à-dire celui qui n'appartient pas à la Belgique ni à la Hollande. Le néerlandais ne s'est montré que dans un temps assez récent comme une langue littéraire, et fleurit aujourd'hui sous le nom de hollandais et de flamand, dont surtout ce dernier possède plusieurs dialectes. Le hollandais et le flamand sont identiques, mais leur orthographe diffère l'une de l'autre.

Kramer, *Neder-Hoog-Duitsch en Hoog-Neder-Duitsch Wordenboek, zuletzt v. Titius*, 1784, et plusieurs modernes. — Van Jaarsveldt, *Theoretisch practische und vergleichende holländische Sprachlehre für Deutsche*; Amst., 1838, et beaucoup d'autres de Bilderdijk, Fleischauer, Otto, etc. — Des Roches, Anvers, 1816-24. — Boone, Hazebrouk, 1841. — Olinger, Malines, 1842, *Dictionnaire flamand - français et franç. - flam.*, etc.

— Des Roches, *Nouv. gramm. franç. et flamande;* Anv., 1826. — Heiderscheid, *Vlaemsche spraek-kunst;* Mecheln, 1843.

Après avoir parlé des Frisons et des Néerlandais, nous arrivons aux Saxons, entre le Rhin et le Vé-ser, entre le Véser et l'Elbe. Il ne faut pas faire distinction entre les Saxons et les Vestphaliens. Les documents de l'ancienne langue saxonne de l'époque du paganisme n'existent plus, mais nous possédons encore un poëme (le Sauveur , *Hé-liand*), qui date de la première époque chrétienne. L'idiome de ce poëme a été parlé aux environs de Munster, Clèves et Essen ; il y a dans lui quelque chose qui rappelle le néerlandais et l'anglo-saxon, sans toutefois être identique avec ces deux idiomes. On ferait bien d'appeler idiome bas-allemand cet idiome saxon dans une époque plus récente. L'i-diome bas-allemand-moyen a pris naissance, là où se trouve aujourd'hui l'idiome connu sous le nom de *platt-deutsch*, c'est-à-dire un idiome qui doit être mis à côté du haut-allemand-moyen et du néerlandais-moyen.

Schmeller , *Glossarium saxonicum e poemate Héliand,* etc. ; *collectum cum vocabulario latino-*

saxonico et synopsi grammatica; Monach. et Stuttg.,
1840. — *Versuch eines bremisch-niedersaechsi-
schen Wörterbuchs herausg. von der bremischen
deutschen Gesellschaft ;* Bremen , 1767 - 71. —
*Vollbeding, Kurzgefasstes Wörterbuch der platt-
deutschen Mundart ;* Zerbst, 1806.

Le saxon ancien , le bas-allemand-moyen et le
platt-allemand (*plattdeutsch*) sont par conséquent
trois degrés, qu'il faut distinguer selon les siècles
dans les dialectes de l'Allemagne septentrionale et
occidentale. Le platt-allemand se parle dans la
contrée saxonne. Les autres dialectes qui appartiennent au bas-allemand, dans les pays orientaux
de l'Allemagne septentrionale , où les indigènes
slaves ont été remplacés par des colons allemands,
n'occupent qu'un rang secondaire ; du reste les
Slaves germanisés parlent aussi des dialectes haut-
allemands ou allemand-moyens.

Des lois phonétiques particulières caractérisent
le haut-allemand. Dans le haut-allemand - ancien
on trouve entre autres l'instrumental, qui s'est
effacé dans l'idiome gothique ; ce qui prouve que
le haut - allemand - ancien existait déjà à une
époque où la langue gothique était arrivée à son
développement.

« La transplantation des sons, dit Grimm, ne s'est pas manifestée avant le cinquième et le sixième siècle ; au huitième et au neuvième siècle on trouve des mots qui montrent la première transplantation, ce qui prouve que la deuxième n'avait pas encore pénétré le fond même de la langue. » (Voyez son *Histoire de la langue allemande*, page 483, etc.) Cette observation peut être faite entre autres dans les documents littéraires, intitulés : *la Prière de Vessobrunn* et *le Chant de Hildébrand*.

Quant au développement ultérieur de la transplantation ou rotation des sons qu'a subie le haut-allemand, elle se manifeste principalement par le *z* et *s* (*sz*), tout à fait étranger au bas-allemand ancien, pour remplacer le *t* primitif ; elle se manifeste aussi par une diversité radicale dans les voyelles, etc. Le haut-allemand, très-riche en monuments littéraires de tous les âges, peut être séparé en trois dialectes : le souabe, le bavaro-autrichien, et le franconien, tant franconien oriental que franconien occidental ou franconien rhénan. Cette séparation se fait valoir autant dans le haut-allemand - ancien, depuis le septième jusqu'au onzième siècle, que dans le haut-allemand-moyen jusqu'au temps de Martin Luther. Par la réformation ecclésiastique de Luther, l'idiome haut-allemand-moderne est devenu prédominant ; c'était d'abord le dialecte haut-allemand d'une contrée peuplée par des Slaves germanisés. On a tort d'appeler *allemand-moyen* ce dialecte et quelques autres dialectes actuels ; un *allemand-moyen* ne peut pas exister, car de deux choses l'une : ou un dialecte se trouve placé sur le deuxième degré phonétique, c'est-à-dire il est *haut-allemand*, ou il ne s'y trouve pas, c'est-à-dire ce dialecte est *bas-allemand*. Du reste, les savants slaves ont peut-être raison, quand ils disent que le noble essor de la langue allemande littéraire d'aujourd'hui a pris naissance dans le fait bien connu, que ce dialecte *allemand* était parlé par la bouche *slave* ; le district de Misnie (Meissen), dont la langue a été élevée par Martin Luther à la langue universelle de la littérature allemande, était en effet une partie de l'ancien pays slave des Sorbes.

En Italie, on donne également la préférence au dialecte toscan parlé par la bouche romaine (*dialetto toscano in bocca romana*).

Quand on compare, on trouve dans le haut-allemand-moderne les traces les plus visibles, telles que le développement historique imprime toujours à l'idiome d'une grande nation. Les voyelles so-

nores se sont effacées, et sont devenues un simple
e, mais sous le rapport de la grammaire, le haut-
allemand-moderne est resté supérieur à l'anglais ;
il est devenu à peu près égal au néerlandais et au
danois, mais il est devenu inférieur à la langue
suédoise, si riche en combinaisons sonores et éner-
giques.

Quant aux dialectes bas-allemands et haut-allemands, qui diffèrent de la langue allemande littéraire, ils ont été dégradés au niveau de simples
patois ; la langue littéraire cependant fait quelquefois bien d'adopter telle expression de tel patois
allemand, et on peut dire que cette opération contribue à maintenir son sang littéraire dans une
bonne et rapide circulation. L'orthographe des
mots devrait être simplifiée ; je ne vois pas non
plus pourquoi on se sert d'une grande lettre initiale au commencement d'un substantif, et je crois
que les caractères allemands pourront très-bien
être remplacés par les caractères latins. Ce sont
des réformes, que les Allemands n'auront qu'avec
un puissant développement national et politique.

8. — Famille celtique.

Pendant longtemps le celtique a été regardé comme une plante entièrement étrangère au sol indo-germanique. On crut trouver dans le celtique un reste de la langue indigène de l'Europe , et quelques observateurs prétendirent avoir découvert les liens de parenté du celtique avec le basque. Mais toutes ces erreurs disparurent avec l'ignorance, et l'étude approfondie de la famille celtique a prouvé à l'évidence, que celle-ci doit être considérée comme une branche du grand tronc , dont la racine a pris naissance dans la population indienne, et qui s'étend actuellement depuis le fleuve du Gange, sur toute l'Europe , et sur toute l'Amérique.

Prichard, *The eastern origin of the celtie nations ;* Oxf., 1831. — Pictet, *De l'affinité des langues celtiques avec le sanskrit ;* Par. , 1837. — Bopp, *Uber die celtischen Sprachen vom Gesichtspunkte der vergleichenden Sprachwissenschaft, in Abh. der Berl. Acad. d. W. v. J.* 1838, *und besanders herausg.,* 1839.

L'idiome celtique est la section indo-germanique
la plus occidentale, abstraction faite des éléments
indo-germaniques, qui furent implantés beaucoup
plus tard dans l'île d'Islande et dans l'Amérique.
L'antiquité classique a vu la langue celtique beaucoup plus répandue qu'elle ne l'est aujourd'hui.
Cet idiome se parle actuellement dans des localités
assez restreintes, c'est-à-dire en Irlande, dans la
partie septentrionale et occidentale de l'Écosse,
dans les îles Hébrides, dans les îles situées entre
l'Irlande et l'Angleterre, dans le pays de Galles
(*Wallis*), et sur le continent, dans la presqu'île
française connue sous le nom de Bretagne.

La majeure partie des Celtes d'aujourd'hui appartient par conséquent à la nation anglaise.
Le célèbre Jacob Grimm dit, dans son *Histoire de
la langue allemande*, p. 165 : « On ne sait pas au
« juste, si les Gaulois de la rive armorique ont tou-
« jours été des continentaux, ou s'ils ont quitté
« l'île de la Grande-Bretagne ? Quant à moi, je vois
« partout l'immigration des peuples marcher en
« avant, et je préfère par conséquent l'opinion de
« ceux qui regardent les Bretons de la Bretagne
« française comme des indigènes continentaux. »

La branche indo-germanique, qui porte le nom
des Celtes, a évidemment la première entrepris le

long voyage depuis les montagnes Himmalaya. Sa langue aussi s'est éloignée, plus que celle des autres branches, de la grandiose langue sanskrit, de cette mère commune, de ce prototype qui se reflète plus ou moins dans l'organisme de chacune de ces filles.

Pour ne citer que quelques exemples, les sons au commencement d'un mot changent d'une manière surprenante en celtique ; par exemple, en irlandais *colam*, pigeon : nominatif *an cholam*, le pigeon ; génitif *na colaime*, du pigeon ; datif *do'n cholam;* génitif du pluriel *na geolam*, etc. Cette transformation est causée par la terminaison du mot précédent ; mais souvent cette terminaison n'existe plus dans la forme actuelle de l'idiome, et ne s'est conservée que dans l'effet qu'elle avait produit sur le commencement du mot suivant. Il est donc très-difficile d'expliquer rationellement chaque fois ces singulières modifications celtiques, et sans les recherches ingénieuses du grand savant allemand François Bopp, on serait complétement ignorant sous ce rapport ; il reste, en effet, encore beaucoup à faire.

Les langues celtiques se divisent en deux sections distinctes, dont chacune embrasse trois langues, deux langues principales et une langue secondaire.

1° La section kymrique ou bretonne; elle embrasse le kymrique proprement dit ou le gallois, en anglais *welche;* l'idiome de Cornouailles se rapproche du kymrique; enfin l'armorique ou bas-breton dans la Bretagne française.

2° La section gallique ou gadhélique; elle comprend l'irlandais, le gallique proprement dit, l'idiome de la Haute - Écosse (l'idiome *erse*), et le dialecte de l'île Man.

Owen, *A dictionary of the welsh language, to which is prefixed a Welsh Grammar;* 2 vol., Lond., 1803. — La grammaire a paru séparément. — *Woerterbucher von Pughe* (2te Ausg.); Lond., 1832. — Richards, Lond., 1839, *avec grammaire,* etc. — Legonidec, *Dictionnaire celto-breton ou breton-français;* Paris, 1839. — Legonidec, *Grammaire celto-bretonne;* Paris, 1837. — O'Reilly, *Irish engl. dictionary, to which is annexed an Irish grammar;* Dubl., 1817 - 22. — O'Donovan, *Grammar of the Irish language;* Dubl., 1845. — Kelly, *A practical grammar of the ancient Galic or language of the isle of Man;* Lond., 1803; Essex, 1806. — Cregeen, *A dictionary of the Manks language;* Douglas, 1835. — *Dictionarium scoto-celticum; A dictionary of the Gaelic language to which are prefixed an introduction*, etc. , *and a compendium of Gaelic grammar : compiled and published under the direction of the Highland society of Scotland ;* II vols. , Edinb. and Lond. , 1828. — Steward , *Elements of the Galic grammar ;* 2ᵉ éd., Edinb., 1812, etc.

La branche kymrique se distingue profondément de la langue galique. Parmi les langues gáliques, celle des Irlandais a conservé la plupart des formes antiques , mais en même temps sa prononciation s'est énormément éloignée de l'écriture , plus encore que dans la langue anglaise, et les dégénérations phonétiques dans la langue gallique sont très-nombreuses. C'est surtout la voyelle *i* et les voyelles qui lui ressemblent (appelées *faibles, small*, pour les distinguer des *fortes, broad*) qui détruit les consonnes environnantes, de sorte que même les consonnes suivantes subissent cette influence.

L'idiome galique de l'Écosse , célèbre par les poésies que l'Écossais Macpherson a données pour base à son *Ossian*, est une langue plus jeune que celle de l'Irlande. Les dialectes kymriques du continent et de l'île se ressemblent , et les habitants dé la Bretagne française comprennent la langue des Gallois anglais. A cette section kymrique du sud-ouest appartiennent les mots celtiques que nous rencontrons chez les écrivains et dans les monuments de l'antiquité, qui datent de l'époque où la nation celtique habitait la Gaule, une partie de l'Allemagne et de l'Espagne, etc.

Les lois phonétiques qui séparent les langues galliques ou du nord-ouest des langues kymriques ou du sud-ouest, sont de date ancienne, et les deux sections étaient déjà séparées à l'époque qui a vu naître les premiers documents du celtique.

Du reste, on ne sait rien du tout de l'idiome des Bretons anglais de l'antiquité. Horace et Varron expliquent le mot *petorritum* par les mots *petor* et *ritum*, c'est-à-dire une voiture à quatre roues dont on se servait dans les batailles; le mot quatre est représenté par *petor*, ce qui revient dans le mot actuel kymrique *pedwar*, en armorique *pevar*, tandis qu'en irlandais quatre se traduit par *ceathair*, et en gallique *ceithir*; ici la gutturale primitive qui commence le mot s'est conservée. Il en est de même dans les phrases suivantes : Dioscorides, dans les premiers siècles après Jésus-Christ, περί ὑλης ιατρικης, numéro 4, 42 : πεντα φυλλον ; Ρωμαιοι κιγκεφολιουμ, Γαλλοι πεμπεδουλα, *pempedoula* ; en armorique *pemp*, en kymrique *pump*, en allemand *fünf*, cinq, mais en irlandais et en gallique *cuig*; *doula*, du mot kymrique *dâl*, *dail*, en irlandais *duille*, feuille; de sorte que le mot *pempedoula* signifie cinq feuilles. Mais l'analogie nous défend de croire que toute la famille de ce temps-là ait prononcé *p* au lieu de *k* primitif (*petor*, *pemp*, comme en grec πισυρες, πεμπε, pour les formes antiques *quatuor* et *quinque*, car la consonne labiale n'est que secondaire), et il répugne d'admettre qu'une partie de la famille ait repris plus tard la prononciation primitive. En tout cas, nous voyons dans ces exemples et dans quelques autres un accord surprenant avec les idiomes actuels de la race celtique.

Du reste, il serait superflu ici de perdre un mot sur l'abus étrange que les savants celto-manes ont fait à l'égard du celtique; il suffit de dire que la fameuse glosse de Malberg n'est point celtique, mais franco-allemande. Voyez Jacob Grimm, *Histoire de la langue allemande*, sur la glosse de Malberg, à la fin du premier volume.

APPENDICE.

IDIOMES ARTIFICIELS.

Après avoir contemplé les organismes des langues européennes, nous allons jeter un regard sur des productions maladives, véritables parasites qui se sont glissés parmi eux. On les appelle *argot*.

Voyez *Pott : Zigeuner ; Grolmann : Woerterbuch der im Deutschland üblichen Spitzbuben-Sprache mit besonderer Rücksicht auf die hebräisch-deutsche Iudensprache* (Giessen, 1822).

Nous voyons ici clairement ce que nous avions déjà dit dans les premières pages de cet ouvrage, que l'homme ne saurait jamais changer organiquement sa langue. Les idiomes artificiels des voleurs sont tous faits dans un but particulier, mais aucun d'eux ne possède la faculté de modifier le véritable élément vital de la langue , la grammaire elle-même, et ils n'ont fait que remplacer dans son dictionnaire les mots ordinaires par des mots inusités.

En Allemagne , les voleurs et les brigands parlent *Rotwelsch* (un *roter*, signifie un mendiant); dans les pays slaves ils parlent *hantyrka* , en France ils parlent *argot* , en Italie on appelle leur langage *gergo*, en Espagne on lui donne le nom de *germania*, etc. Il est loin d'ici jusqu'à la langue des Gypsies ou Bohémiens.

Dans les idiomes argots les expressions de la langue nationale sont revêtues d'une signification extraordinaire, et on forge avec le matériel national des formations singulières ; quelquefois aussi on emprunte le mot à une langue étrangère, par exemple à l'hébreu.

Ainsi, par exemple, en gergo on dit *perpetua, salsa*, âme ; *cierta* , la mort (ce qui est certain) ; *espina*, les soupçons , proprement dit une épine. En hantyrka, on dit *spewark*, un chanteur, la scale musicale ; en rotwelsch pour *kirsche*, cerise , on dit *rothose*, et pour *pflaume*, prune, on dit *blauhose ;* en germania, on dit *saltadores* (danseurs) pour *pieds,* etc.

F I N.

TABLE DES MATIÈRES.

(1) Les idiomes marqués d'un astérisque sont traités plus explicitement que les autres.

NOTE DU TRADUCTEUR. On peut recommander au lecteur la belle carte *géographique et glossologique* de l'Europe, par M. Obermüller (de Bade).

PARIS. — IMPRIMERIE DE W. REMQUET ET Cie, rue Garancière, n. 5, derrière St-Sulpice.